소울 서핑

Mindful
thoughts for
SURFERS

* **일러두기**

마음챙김(mindfulness)

본문에서 자주 언급하는 이 단어는 불교의 수행 전통에서 기원한 명상법의 하나입니다. 과거의 기억이나 미래의 걱정에 마음을 뺏기지 않고, 지금 여기에 온전히 존재하면서 깨어 있는 의식으로 관찰하고 경험하는 것을 말합니다. '알아차림'으로 새기기도 하며, 반대의 의미로는 마음이나 의식이 지금 여기에 있지 않은 '마음놓침' 상태라고 할 수 있겠습니다.

MINDFUL THOUGHTS FOR SURFERS
Copyright © 2020 by Sam Bleakley
All rights reserved.

Korean-language edition copyright © 2022 by Hanmunhwa Multimedia
Published by agreement with Quarto Publishing Plc and Danny Hong Agency

이 책의 한국어판 출판권은 대니홍 에어전시를 통한 저작권사와의 독점 계약으로
한문화멀티미디어에 있습니다.
저작권법에 따라 한국 내에서 보호를 받는 저작물이므로 무단전재와 복제를 금합니다.

고요한 균형을
타다

소울 서핑

Mindful
thoughts for
SURFERS

샘 블리클리 지음
이초희 옮김

한문화

∘ 추천의 글 ∘

똑같은 파도는 **다시 오지 않는다**

서핑하러 가는 그날은 평소와 다른 특별한 느낌이 있다. 아주 이른 새벽에도 설렘과 함께 일어날 수 있고, 어둠을 뚫고 밖으로 나서는 발걸음이 무겁기는커녕 소풍날 학교로 뛰어가는 어린아이의 마음처럼 가볍다. 바닷가로 향하는 내내 상쾌한 공기의 흐름을 느끼고, 그 공기에 녹아든 바다 냄새를 맡는다. 그리고 드디어 바다가 가까워졌을 때 파도 소리, 그리고 파도에 실린 미세한 진동까지 받아들인다. 그러니 서핑은 파도가 넘실거리는 바다 앞에서가 아니라, 서핑이 마음속에 들어온 그 순간부터 시작된다.

나는 인생의 절반을 서핑하는 사람으로 살아왔다. 그런데도 《소울 서핑》을 읽으며 나와 서핑의 관계를 새삼 떠올릴 수 있었고, 그간

풀리지 않던 궁금증도 어느 정도 해결되었다. 이 책을 쓴 샘 블리클리와는 호주에서 처음 만난 이후, 여러 지역에서 만날 때마다 '서핑'에 관한 이야기를 종종 나누었다. 서핑 해설가인 샘은 영국인 특유의 카랑카랑한 목소리로 아주 재미있게 경기 과정을 설명하는데, 사석에서 서핑과 삶을 이야기할 때는 다른 모습을 보여준다. 마음챙김이 몸에 밴 데다가, 매사 숙련된 이미지를 풍겨서인지 마치 요가 수련자를 대하는 느낌이 들 정도다. 《소울 서핑》은 그의 평소 생각을 잘 담아낸 책이다. 서핑이 주는 긍정적인 변화 또한 섬세하게 표현했다. 이미 서핑을 즐기고 있는 이들이라면 책의 내용이 곧 자기 이야기처럼 읽힐 테고, 앞으로 서핑을 시작할 이들에게는 설렘 가득한 서핑 안내서가 되어줄 것이다.

서핑을 접한 뒤 나는 새로운 '나'와 자주 마주한다. 하지만 서핑을 시작한 뒤로 친구들 사이에서 '외딴 행성에서 온 외계인' 같은 존재로 받아들여질 때도 있었다. 성적과 진로로 온 신경이 곤두서있던 시기, 친구들은 나를 '행복한 바보' 정도로 여겼다. 학교를 마치고 도서관을 찾는 친구들과 다르게, 나는 맨발로 길을 나서 매일매일 바다로 향했다. 처음에는 주변 사람들이 피부가 점점 거뭇해지는 나를 이상하게 봤던 기억이 있다. 하지만 그렇게 그을릴수록 내 미소가 더 밝게 빛났던지 얼마 지나지 않아 오히려 그들이 '바다'라는 미지의 공간으로 하나둘 들어오기 시작했다. 아마도 친구들은 매일 웃고 다니던 내 미소의 원천이 궁금했던 것 같다.

나는 원래 긍정적이지도, 밝지도, 적극적이지도 않은 성격이었다. 에너지가 느껴지는 그런 단어들과는 오히려 거리가 먼, 맨 뒷줄에 앉길 좋아하던 눈에 띄지 않는 아이였다. 서핑을 시작하고도 한참 동안 나 자신이 변했다는 생각은 별로 해보지 못했다. 그런데 어느 순간 나는 교실에서 '미스터 스마일'로 불리고 있었다. 반짝반짝 빛나는, 행복한 사람이 된 것이다. 친구들은 내게 많은 것들을 묻기 시작했고, 내 의견을 경청했다. 이런 나의 변화가 어디에서 온 것인지 나조차도 알아차리지 못했는데, 지금은 알고 있다. 우연히 시작된 서핑으로 세상을 바라보는 나의 눈이 완전히 달라졌다는 것을. 언제인지도 모르게 나는 푸른 마음챙김이 가득한 사람이 되었다.

파도가 요동치는 바다에서는 미래에 대한 걱정도, 과거에 대한 후회도 사라진다. 순간순간 시시각각 변하는 자연에 순응하며, 나에게 그리고 자연에 집중하다 보면, 그 순간 나는 오직 혼자가 된다. 아무리 많은 서퍼들에 둘러싸여 있어도 나만의 고요한 시간을 누릴 수 있다. 그때 나는 새로운 나를 만나고, 나를 더 사랑하게 된다. 그렇다. 나는 서핑으로 명상을 익혔고, 세상과 소통하는 새로운 방식에 눈을 떴다. 인생은 한 번뿐이고, 똑같은 파도는 다시 오지 않는다. 매 순간 최선을 다하고, 그 순간을 즐길 수 있다면 여러분도 마음챙김이 깃든 맑고 깊은 눈을 가질 수 있을 것이다.

서핑 국가대표팀 감독,
올림픽 서핑 해설위원 송민

◦ 들어가기 ◦

푸른 마음챙김

바닷물이 망토처럼 온몸을 감싸는 서핑, 이 운동은 우리를 안전지대 밖으로 밀어내 액체 환경으로 던져 넣는다. 이곳에서 우리는 바다 생물과 다를 것이 없다. 그러나 임시 방문객인 우리는 이들과 조화를 이뤄야 한다.

바다는 아름답고 눈부신 관능적 세상이다. 바다가 보여주는 환대에 깊이 감사하는 법을 배운다면 우리도 바다의 경이로움에 더욱 빠져들며 깊은 마음챙김 단계로 들어갈 수 있다. 마음챙김을 '순간에 집중하고 주의를 기울이는 것'이라 정의한다면, 잠깐이나마 바다 생명체 가족으로 합류하는 일은 이들의 존재감을 느껴볼 만한 놀라운 방법이다.

넘실넘실 해변을 향해 돌진하는 파도는 서퍼에게 마음챙김을 유발하는 매개체다. 사람들이 우아하게 탑승하고자 하는 파도는 강한 힘으로 바다 표면을 벗겨낸다. 서핑은 파도의 형태와 속도, 성격을 최대한 활용해 바다 테두리와 어우러지는 활동이다. 누구나 즐길 수 있는 가장 순수한 형태의 설렘이자 최대한 가까이 자연을 끌어안으려는 움직임이다.

서핑을 처음 배울 때는 누구나 긴장하고, 심지어 불안의 연속이다. 하지만 경험이 쌓이면 유연하게, 그리 힘들지 않게 파도를 탈 수 있다. 또 자신감이 커질수록 물과 더 친밀해진다. 서핑은 우리를 파도의 주름 안으로, 신비롭게 고동치는 심장으로 데려간다. 파도타기의 즐거움을 묘사하는 스토크Stoke는 집중과 내려놓음이 동시에 일어나는 역설적 상태가 '푸른 마음챙김' 안에서 뒤섞이며 균형을 이루는 것을 뜻한다. 이 '푸른 마음챙김'은 내적으로 사색하는 마음챙김과 조금 다를 수 있다. 서핑은 마음챙김이 우리 안에 있지 않고 세상 경험에 있다고 가르쳐준다. 실제로 푸른 마음챙김은 바닷물 소나기, 무지개, 바다 표면 따위가 남색에서 선명한 푸른색으로 바뀌며 우리를 덮쳐올 때 자연 현상을 있는 그대로 수용하며 내면의 생각을 내려놓는 과정이다. 그러다 첫 번째 튜브 라이딩(튜브 형태로 말리는 파도 밑에서 서핑하는 기술. 이런 파도를 '배럴'이라고도 부른다-옮긴이)에 성공하면 그제야 바다는 속내를 드러낸다.

서핑할 때는 통제하거나 알고자 하는 욕망을 내려놓아야 한다. 그래야만 환경이 나를 주도하고 어루만지며 내 형태를 결정한다. 이 과정이 항상 재밌지만은 않다. 하지만 울퉁불퉁한 암초 위로 풀쩍 뛰어오를 때, 수평선으로 우리를 끌어당기는 이안류(해안에서 바다 쪽으로 빠르고 좁게 흐르는 물줄기-옮긴이)를 잘 빠져나갔을 때, 또 몸은 구부러지고 마음은 쭉 펴지는 와이프아웃(서프보드에서 고꾸라져 물속에서 휘둘리는 것-옮긴이) 수업을 용감하게 마주할 때마다 우리는 놀랍도록 밝은 빛을 발견한다.

동전을 뒤집어보라. 거기에 아름다움이 있다. 돌고래와 함께 서핑하고, 첫 노즈 라이딩(롱보드 맨 앞에 발을 걸치고 균형을 잡는 기술-옮긴이)에 성공해 롱보드 끝에서 몸을 세우고, 해변까지 보드를 타고 들어와 모래의 키스를 받는다. 푸른 마음챙김은 매 순간 이런 경험을 뜨겁게 끌어안는다. 이 파동은 잊을 수도, 저항할 수도 없다.

차 례

바다 인식

명상으로 서핑 실력이 좋아질 수도 있지만, 서핑 실력을 키우려면 우선 서핑을 해야 한다. 그렇다고 서핑이 단순한 활동은 아니다. 서핑 또한 바다 고유의 패턴, 분위기, 신비에 기반한 명상을 수행한다. 내면으로 향하던 자아 인식(자아론)이 곧 감각을 깨우는 내장형 바다 인식(생태론) 기능을 한다.

파도는 한 세트(파도는 보통 하나씩 오지 않고 여러 개가 무리 지어 오는데 이를 세트라고 부른다-옮긴이)씩 다가올 때마다 서퍼의 자존심을 깎아내린다. 예를 들어 수평선에서 여러 겹의 파도가 형성되고 있다고 하자. 어디로 패들링(보드에 엎드려 양손으로 물을 가르며 전진하는 기술-옮긴이)해야 할까? 파도 세트가 가까이 다가올수록 우리는 깨닫게 된다. 이 세트가 생각보다 훨씬 거대하고 더 먼 곳에서 부서진다는 것을 말이다. 정신없이 패들링해 첫 번째 파도를 넘어서지만 두 번째 파도에 걸려 그만 물속으로 고꾸라진다. 숨을 쉬기 위해 물을 가르며 올라오면 이제껏 맞이한 어느 파도보다 더 큰 세 번째 파도가 머리를 강타한다. 물속으로 빨려 들어가 요동치는 물살에 빙그르르 도는 걸 서퍼들끼리 '헹굼 코스'라고 부른다. 약간 작은 네 번째 파도로 한 번 더 몸이 씻기고 나면 그제야 좀 더 현명하게 일어설 수 있다.

이제 다음 세트를 위해 자세를 다잡고 깨달음을 정리하자. 우리는 이제 오늘 이 조류, 이 너울에서 잡을 수 있는 최고의 파도는 세트 네 개 파도 중 세 번째라는 걸 안다. 이런 지식은 책으로 배울 수 없다. 몰입을 경험해야만 가능하다. 감각에 집중하는 몰입의 경험은 인식 수준을 높인다. 여기서 말하는 인식은 자아가 아닌 바다 인식이다. 다시 말하지만 마음챙김은 마음에 있는 것이 아니라 몰입한 모든 순간에 깃들어있다.

앞서 소개한 예로 알 수 있듯 초보자는 마음챙김의 자세가 다소 부족할 수 있다. 또는 자만이나 오만함의 덫에 걸려 바다를 이길 수 있다고 착각했을지도 모른다. 확실히 첫 번째 시도에서는 대본을 숙지하지 못했다. 정리하면 푸른 마음챙김은 절대 자기 기준이 아니다. 오히려 나를 둘러싼 주변 환경이 변화할 때 혹은 다음 파도 세트에서 어떤 자세가 더 나은지를 스스로 깨닫는 과정에서 일어난다. 이것이 바로 바다의 선물이다. 바다는 서핑하는 사람들이 더 잘 대응할 수 있도록 모든 신호를 아낌없이 보낸다. 이때 우리가 바다와 얽히는 '태도'가 마음챙김이다.

태도는 말 그대로 신체적 상태나 자세를 의미한다. 그러니 서핑에서 마음챙김은 바다에게 얼마나 나를 내맡길 수 있는지가 더 중요한 부분이 된다. 바다라는 존재가 내 자세를 결정짓도록 허락해야 하는 것이다. 나와 보드, 그리고 내가 서핑하는 파도의 표면이 적절히 어우러지는 것, 그게 바로 푸른 마음챙김이다. 이는 마음이나 존재 상태가 아니라 서핑에 나를 맞추는 일이다. 바다 형태와 소리, 다가오는 파도의 움직임 등 바다가 주는 것과 내 반응이 최상의 조화를 이뤄야 한다. 서핑에서 마음챙김은 밖에서 안으로 향한다.

다음 회차 바다 인식은 새로운 세트 중 우르르 몰려오는 세 번째 파도와 함께 시작된다. 패들링하다 만난 파도를 잡아 같이 떠오르면 물결이 몸을 훅 밀어주는 것을 느끼며 두 발로 설 수 있다. 파도는 모두 제각각이다. 왼쪽으로 갈지 오른쪽으로 갈지는 내가 아니라 파도가 정한다. 다른 생각에 잠겨있으면 인정사정없이 물속으로 처박히고 말 것이다. 조화를 이루려면 결국 파도 모양이 내 자세를 결정하게 둬야 한다. 이로써 서핑의 마음챙김이 밖에서 안으로 향한다는 게 더 분명해졌다. 서핑을 통한 마음챙김에서 '마음'은 같이 만들어가는 것이다. 파도는 지금 어떤 모양을 하고 있나? 이토록 신성하게 얽힌 파도를 타고 보드 위에 설 때(이 동작을 서핑 용어로 테이크오프라 한다-옮긴이), 그리고 그대로 해안가로 향할 때 당신은 최상급 파도의 고집을 순순히 따를 수 있겠는가?

적극적인 상상

서핑에서 마음챙김은 고전적인 명상 방식과 비교하기보다 적극적 상상이나 꿈, 신화 같은 감각과 비교하는 게 좋다. 꿈이 우리를 빚는 것이지 우리가 꿈을 만드는 게 아니기 때문이다. 신화는 문화 전체의 꼴을 만들어가듯 우리 형태를 결정한다. 상상은 과감히 앞으로 나아가며 그 안에 '우리'를 포함할 때도 있고 아닐 때도 있다. 독립적이고 단호하며 강력한 것, 그 마음 자체가 상상이다.

'서핑하러 가자'는 말은 의지에서 나오는 게 아니다. 그저 야생의 부름에 따른 대답일 뿐이다. 이에 응하면 앉아서 명상하는 대신 주변 자연을 받아들이고 새로운 파도를 만들어낼 수 있다. 쉼 없는 바다의 변화와 날씨, 바다 밑 지형을 익히다 보면 마침내 내면의 본질까지도 변화한다.

'소울 서핑Soul Surfing(경쟁이나 상업적 목적 없이 순수하게 서핑을 즐기는 것-옮긴이)', '마음챙김 서핑'에는 영웅도 악당도 없다. 서핑은 사회적 상상 활동이다. 서퍼뿐 아니라 움직이는 모래톱 꼭대기와 고개를 까딱거리는 물개, 물고기를 낚아채는 부비새, 고동치듯 수축·이완하는 종 모양의 해파리, 썰물로 드러난 엉클어진 해조류까지 모두 끌어안는다.

관계에 주목하라

마음챙김의 목적은 내면의 사색에 있다. 하지만 푸른 마음챙김은 자신을 비워 바다와 하나 되는 것이 최종 목표다. 이 푸른 마음챙김은 끊임없이 요동치는 해수면, 보이지 않을 만큼 깊은 해류로 존재를 표현하는 바다를 닮았다. 바다의 이런 표현은 철저한 주의와 역설적 주의라는 두 가지 능력으로 빗댈 수 있다.

서퍼는 반짝이는 바다 표면을 뚫을 준비가 된 바닷새처럼 진득하게 파도를 기다린다. 서퍼인 우리를 바닷새처럼 만들어주는 게 바로 철저한 주의 능력이다. 쉬지 않고 주변을 관찰하며 민첩하게 행동하는 바닷새는 물속으로 뛰어들었다가 이내 은색 부리로 파닥거리는 물고기를 문 채 올라온다. 동시에 역설적 주의 능력을 활용해 바다의 질감과 주변 색감, 우리를 둘러싼 소금기 섞인 공기 냄새를 받아들이며 깊이 탐색한다.

파도가 밀려와 눈앞에서 펼쳐지면 기회를 잡아 테이크오프한다. 파도가 부서지는 방향으로 보드를 틀면 모든 움직임이 부드럽게 한 동작으로 연결된다. 그렇게 움직이는 바다 표면을 끌어안았을 때 비로소 바다의 이야기를 들을 수 있다. 바다는 에너지를 터트리고 소진하는 매 순간의 이야기를 우리에게 들려준다. 그래서 서퍼는 먼 곳을 바라보면서 가장 가까운 곳을 꽉 붙들어야 한다. 지금에 집중하면서 주변을 훑고 감상하는 주의 능력을 발휘해 파도타기에 몰입한다면 당신은 이미 푸른 마음챙김을 실현한 것이다.

시간의 줄

기본적으로 서프보드에는 노즈Nose(서프보드의 앞쪽 끝부분-옮긴이)에서 테일Tail(서프보드의 뒤쪽 끝부분-옮긴이)까지 보드 전체를 지나는 등뼈가 있다. 이를 '스트링어'라고 한다. 서프보드 디자인 중 중심부는 보드에 부력을 주고, 핀Fin(서프보드 바닥 뒤쪽에 부착하는 지느러미

모양의 조타 장치-옮긴이)은 방향 안정성, 스트링어는 힘과 유연성을 가져다준다.

서프보드 스트링어는 대부분 얇은 발사나무 막대기 한두 개, 혹은 세 개를 보드에 세로로 대거나 레일Rail(서프보드의 둥근 양쪽 측면-옮긴이) 가장자리에 두른다. 발사나무는 가볍고 강하면서 유연해서 서프보드 스트링어로 알맞다. 발사나무는 또 1년에 5미터씩 자라서 6년이면 다 자란다. 수명으로 따지면 6년생 나무를 백 살 된 사람으로 상상할 수도 있는 것이다. 이렇게 성장이 빠르기에 주의력을 배우기에도 좋은 스승이 된다. 하지만 여느 나무와 다른 큰 특징이 있다. 몸에 새긴 기억, 나이테가 없다는 것이다. 사람들이 나이를 먹으며 매해 쌓는 경험은 마음에 오히려 '기억 과부하'를 가져올 수 있다. 너무도 많은 일이 일어나기 때문에 경험을 받아들이고 해소하는 데 주의를 기울이지 않으면 지금을 잃게 된다. 발사나무 스트링어는 보드에 생각과 표현을 불어넣는 것이자 보드의 특징을 결정짓는 핵심 요소다. 우리는 스트링어 덕에 각자의 '지금'을 붙들 수 있다.

서핑하는 동안 보드는 파도 흐름을 따라 휘지만, 중심부 힘은 그대로 유지한다. 서퍼는 결국 보드 본연의 방향성과 움직임, 궤도를 따라간다. 롱보드는 노즈 쪽으로 크로스 스텝을 밟는 것이 주요 기술인데, 이때 스트링어가 방향을 지탱해준다. 우리는 산뜻한 발놀림과 뛰어난 균형, 절묘한 타이밍, 또 파도에 쉽사리 들어갔다 나오는 기술 등을 시도하면서 파도를 탄다. 이 모든 요소가 부드럽게 융화될 때 순수한 서핑에 다가설 수 있다. 하지만 이 긴박함 속에 역설적 주의 능력이라는 닻을 갖추지 못한다면 마음챙김은 실패로 돌아간다. 끊임없이 주변을 살피는 이 주의 능력이야말로 서프보드의 스트링어처럼 서퍼를 꼿꼿이 세워준다. 마치 척추처럼 말이다. 역설적 주의를 실행하는 일은 끝없이 변화하는 바다를 닮았다. 철저한 주의가 물리적인 힘이라면 역설적 주의는 존재 자체를 의미한다.

서핑하는 우리도 그물망처럼 촘촘히 연결된 세상에서 주의 집중해야 할 대상이다. 자연과 인간이 만들어낸 거대한 환경에 속해있으니 말이다. 사람들은 주의라는 그물망 속에 현존하며 스트링어 같은 주요 물체나 인공물의 부름을 받는다. 물성 있는 존재들은 그물 안에 있는 우리에게 각기 다른 것들을 요구하며 우리 삶을 뒤흔든다. 이때 서프보드는 바닷물의 비밀과 우리 사이를 연결해준다.

움직이는 세 개의 표면

서핑은 파도, 보드, 발바닥(서있는 경우는 발바닥이고, 만약 장애가 있다면 앉거나 엎드려야 할 것이다)이 서로 연결될 때 아름다움을 발한다. 한번 상상해보라. 우리 몸은 극히 일부만 움직이는 보드에 닿아있지만, 보드는 움직이는 바다 일부인 넘실대는 파도 위에 있다. 모든 물의 힘이 결국 발바닥을 통해 위로 전해지지 않던가.

파도를 타면 파란색, 초록색, 흰색이 뒤섞인 모호한 빛깔의 바닷물이 보드 위로 올라와 발바닥을 두드린다. 20만 개 정도 되는 신경말단을 쉼 없이 두드리는데, 내 피부와 흔들리는 평면, 확 펼쳐지는 파도가 서로 교류하는 그 지점에 마음챙김이 있다. 몸과 보드와 파도의 힘이 엮이는 것이다. 이 관계에 주의를 기울이며 파도를 누비면 바다의 부름을 더 강하게 들을 수 있다. 파도를 향해 의지를 태우기보다 철저하고 역설적인 주의력으로 성숙한 균형감을 얻는 게 먼저다. 그런 다음 파도와 대면하자.

보드의 축복

서핑은 내면의 열정을 끄집어낸다. 좋은 파도를 향해서만이 아니라 파도를 타게 도와주는 수단과도 사랑에 빠지게 한다. 특히 디자인 종류가 무궁무진한 서프보드는 서퍼들을 뜨겁게 달구는 숭배의 대상이다. 서퍼들은 서프보드의 다양한 형태와 크기, 재질마다 다른 장점을 실험하길 좋아한다. 서프보드에 '코'와 '꼬리'가 있는 것만으로도 이 물건이 이미 반려동물 취급을 받고 있다는 사실을 알 수 있다. 물고기와 새 중간 어디쯤을 차지하는 서프보드는 때로는 진짜 살아있고 심장이 뛰는 반려동물처럼 온순하지만, 어떨 때는 전혀 통제되지 않아 서퍼의 뒷덜미를 잡는다.

서프보드는 '셰이핑(서프보드를 제작할 때 보드를 깎아 형태를 잡아가는 과정-옮긴이)'된다고 표현한다(사람이 직접 작업할 때도 있고, 기계로 제작하기도 한다). 하지만 서프보드 또한 서퍼를 '셰이핑'한다. 서핑에서 마음챙김이란 서프보드를 한 사람의 신체 일부이자 성격, 그 사람만의 고유 개성을 담은 도구로 받아들이는 것이다. 그래서 보드를 대하는 마음챙김은 환경 인식으로 확장되기도 한다. 이런 경우 서퍼는 발사나무, 대나무, 오동나무처럼 재생 가능하고 환경에 해를 덜 끼치는 재료에 마음이 끌린다. 꼭 환경적 우수성과 강도, 유연성(오랫동안 기대해온 서프보드 재료의 자질) 같은 성질을 제하고 보더라도, 이 목재들은 빠르게 성장해 보드의 탄생을 허락하는 신비로운 역할을 한다.

대나무의 섬세한 손짓

인도의 한 위대한 왕이 수도승을 이끌고 가 여행하는 부처를 만났다. 일화를 소개한다. 왕은 부처가 대나무 숲을 지나갈 것을 미리 알고 집을 떠나 그곳에 머물렀다. 그리고 마침내 부처가 도착했다. 군중도 모여있었다. 그들은 잘 알지도 못하는 부처님보다 대나무 숲에

은둔한 왕의 낯선 행동이 더 궁금했다. 왕이 부처님 앞에 엎드려 가르침을 구하자 군중은 충격받았다. 군중은 여행 중인 수도승이 왕 앞에 나와 대신 엎드리는 게 당연하다고 생각한 것이다. 하지만 사람들은 부처가 사랑과 지혜를 나눠주는 모습을 보고 이내 왕의 행동에 깃든 의미를 깨닫는다.

부처는 함께 머물며 가르침을 달라는 왕의 요청을 수락했고, 밤낮으로 이야기를 나눴다. 왕은 부처에게 대나무 숲을 바쳤고 부처는 수도승과 함께 천막을 치고 그 지역 사람들에게 진리를 가르쳤다. 시간이 흐른 뒤 왕이 죽고, 부처도 죽고, 사람들도 떠났다. 그동안 대나무 숲은 점점 울창해졌다. 줄기가 바람에 흔들리는 모습은 그 자체로 장관을 이뤘다.

서프보드가 된 대나무에 선대先代가 깃들었고, 그게 머나먼 고대 숲과 우리를 이어주고 있다고 상상해보자. 대나무는 숲에서 일어난 모든 사건이 형태 물리학적으로 쌓인 흔적을 기억한다. 그러니 한편으로는 이 대나무로 만든 보드가 모두 살아있는 부처라고 생각할 수도 있다. 즉, 대나무 보드를 타는 서퍼는 누구나 부처의 정신과 함께 파도를 타는 셈이다. 보드는 열리는 파도에 집중해 반응하고, 이 반응이 곧 서퍼의 움직임을 결정한다.

서핑에서 마음챙김은 서퍼의 '마음'이 아닌 '서퍼와 보드 사이의 관계'에 있다. 이 관계는 영원히 멈추지 않는 자연 속 파도 물결 안에서 모습을 드러낸다. 그리고 서퍼에게 깨지지 않는 기억의 한 조각, 시간의 파편을 남긴다. 이 동요 속에서 일어나는 모든 움직임과 소리에는 고요와 정적, 침묵이 존재한다. 그리고 모든 변화 속에 영원함이 깃든다.

몸과 마음을 향한 튜브 라이딩

부처가 현재 우리와 함께라면, 그도 서핑을 할까? 부처가 선불교 신자라면(부처가 종파를 고르는 모습이라니!) 그가 생각하는 더없는 행복은 튜브 라이딩에 완전히 몰입한 순간일 것이다. 서퍼는 옅은 청록색 벽이 솟아오르고 초록색 출구가 순수한 대칭을 이룰 때, 부서지는 파도의 마지막 숨결일지도 모를 압축된 공기 속으로 몸을 내던진다. 그 순간 모든 소음은 차단되고, 시간의 늘어짐을 경험한다. 부처가 꼽는 순간은 감각이 폭발하는 바로 이 지점이 아닐까?

부처는 마음챙김의 순간이 서퍼 내면이 아닌 그들을 둘러싼 자연의 푸른 몸체에 있다는 데 동의할 것이다. 우리는 자연과 함께, 또 자연에 맞춰 숨을 들이마시고 내뱉으며 깨끗해지고 새로워진다. 마음챙김이 서퍼를 감쌀 때, 비로소 그들은 가장 위대한 선물이자 깊은 명상의 세계를 품위 있게 받아들일 수 있다.

부처는 인간의 자아를 비롯한 각각의 기관을 엄격히 구분하는 일이 부질없다는 사실을 잘 알고 있는 만큼, 튜브 라이딩에 더 강한 일체감을 느낄 것이다. 그런 의미로 본다면 서핑은 몸과 마음을 동시에 챙기는 마음챙김이며, 밖에서 안을 맞추기보다 안을 바깥 환경에 맞추는 활동이 될 수 있다.

함께하는 곳

서핑은 얽히고설키는 과정이 불가피한 사회 활동이다. 물론 서퍼들 대부분이 한적한 파도를 갈망하고, “아무도 없었어” 혹은 “다 내 차지였다니까” 같은 말을 종종 한다. 하지만 마음이 주변과 이어져 있다면 절대 혼자 서핑하는 게 아니다. 실제로 서퍼는 언제나 바다 안에서 서핑한다. 바다는 항상 서퍼 주위로 흐르고, 서퍼와 함께 움직인다. 이뿐 아니라 바다 밑에도 헤엄치는 수많은 요소가 모여있다. 이때 서프보드는 서퍼의 몸과 마음이 확장된 상태다.

타인과 서핑할 때는 다수를 생각하는 시선이 필요하고, 인파가 몰릴 때는 협조하는 마음이 필요하다. 파도타기를 원하는 사람들이 많아질수록 다수와 함께 서핑하는 일은 더 늘어난다. 이때 우아하고 침착하게 서핑하려면 돕는 마음과 지각력, 인내심이 필요하다.

인파 속에서 서핑하기

여럿이 바다를 공유할 때 마음챙김 접근이 도움이 된다. 서퍼는 욕심을 부려선 안 된다. 그가 침착함을 유지하며, 자신보다 실력과 민첩성이 부족한 다른 이들을 응원한다면 모두 골고루 파도를 이용할 수 있다. 협동보다 경쟁을 중시하며 자란 이 시대 사람들에게 타인을 향한 배려는 쉽지 않은 과제지만, 이 배려심이야말로 가장 먼저 배워야 할 교양이다. 만약 바다가 인파로 붐빌 때는 그 순간에 최대한 몰입해보자. 단, 몰입에 마음챙김이 없다면 허사다. 군중으로 둘러싼 환경에 오히려 신경이 예민해지고 분노가 치밀어오를 것이다. 몰입에는 너그러움과 친절함이 필요하다.

고대 그리스인은 서핑을 하지 않았지만, 사회적 의무 위계질서 구조 맨 꼭대기에 환대를 배치했다. 서퍼는 이 부분에서 영감을 얻었다. 바다에서 다른 사람을 환대하는 것, 특히 그곳이 고향이라면 친숙한 로컬 해변으로 다른 이들을 초대하라. 이 환대가 마음챙김 서핑에서는 중요한 요소다. 바다는 개인의 자산이 아니라 모두가 공유해야 할 자연의 일부분이다. 영역과 소유권을 걱정하느라 에너지를 소진하지 말고 긴장을 풀자.

서핑하는 중에 생기는 가장 격렬한 박자는 바다가 드러냈다 감추는 세트와 럴(세트와 세트 사이, 바다가 잔잔한 시간-옮긴이)의 리듬이다. 주위 사람들에게 신경 쓰지 말고 자신의 리듬에 주의를 기울이자. 이 흐름에 잘 적응하면 군중 속에서도 자기만의 공간을 발견할 수 있다. 부처라면 수많은 인파 사이에서 어떻게 서핑할까? 아마도 그는 혼돈 속에서 침착함을 유지하며 고유한 분위기를 내뿜을 것이다. 순간에 깊이 집중하며 협력과 친절한 분위기를 주도해 주변의 찬사를 받았을지도 모른다. 사람들 사이에서 눈에 띄는 가장 좋은 방법은 그 순간에 몰입하는 것임을 기억하라.

고요한 균형점

파도는 세트로 오고 돌고래는 무리 지어 다닌다. 돌고래는 무리 중 다른 한 마리가 물 밖으로 뛰어오를 때 힘을 보태기 위해 팀을 이루고, 물밑 소용돌이를 일으킨다. 돌고래가 위로 뛰어오를 때 찾아오는 균형과 통제력은 서핑의 균형점과 조금 닮아있다. 서핑의 경우 아래로 향하는 몸의 중력과 위로 향하는 보드의 부력이 만나 안정을 이루는데, 이 안정감은 빠르게 움직여야 하거나 공중에 떠야 할 때도 자세를 유지하게끔 해준다. 이와 같은 균형 법칙은 튜브 라이딩에서도 필수다. 서퍼가 터널처럼 생긴 튜브 공간을 통과할 때 시간은 늘어지고 느린 동작으로 일어서는 듯 보이는데, 균형감이 이 튜브 라이딩 기술을 완성한다. 어떤 사람들은 서핑하는 동안 튜브 라이딩 순간을 한 번도 경험하지 못하지만, 서핑의 다른 면도 의미는 있다.

우리는 다른 곳에서도, 어쩌면 어디에서든 고요한 균형점을 발견할 수 있다. 때로는 천둥 같은 파도 세트에 붙잡혀 창피를 당하기도 하지만, 이런 고달픈 경험이 긍정적으로 바뀌기도 한다. 가마솥 밖으로 끓어 넘치는 듯한 하얀 거품을 떠올려보라. 거품이 빛을 발하며 당신을 해안으로 내던질 때, 이 과정을 순순히 따르며 크게 웃어보자. 그리고 다음 럴에 파도가 깨지지 않는 깊은 채널로 패들아웃한다. 보드에 앉아서 반짝이는 바다 풍경을 감상하는 동안 당신은 생각에 잠길 것이다. '저 성난 파도 안에 고요한 균형점이 있는 걸까?'

서핑은 단순히 파도를 타는 행위가 아니라 특정 장소를 위한 축제다. 그러니 주위를 둘러싼 바다의 에너지와 생동감을 그대로 즐기자. 기쁨과 고통, 성공과 실패를 모두 자신의 것으로 받아들이고, 주변의 어수선함을 누리는 것이다. 그리고 높은 물살과 바닷물의 흐름에 적극적으로 부딪쳐라. 파도를 꼭 잡아야 한다는 강박을 버리면 갑작스럽게 다가왔다 사라지는 세트, 쇼어 브레이크Shore Break(해안가 인근에서 부서지는 파도-옮긴이)의 방문, 끊임없이 축적되는 조간대(만조와 간조 때의 해안선 사이-편집자) 환경을 이해할 수 있다. 이렇게 파도타기 없는 서핑도 충분히 기념할 만하다. 서퍼 중에는 분명 으스스한 온쇼어 바람(바다와 육지의 온도 차로 바다에서 육지로 부는 바람-옮긴이)이 거세게 불어 서핑하기 부적절한 날에 "형편없네"라고 불평하는 이가 있을 것이다. 그때 당신은 이렇게 대답할 수 있다. "난 일부러 파도를 잡지 않았는데, 그래도 즐겁게 서핑했어."

사람들이 해변을 걸어 올라가는 순간에도 서핑은 계속된다. 누군가는 어디에선가 언제나 파도를 타고 있으니 말이다. 모든 서퍼에게 있지만 누구의 것도 아닌 푸른 마음챙김 안에서 우리는 항상 위대한 바다와 한마음이 되어 파도를 탄다.

바닷물 놀이

아이들이 서핑할 때 보여주는 에너지와 흥분은 전염력이 강하다. 성공적으로 파도를 타는 순간은 몇 초밖에 안 되지만 그 순간이 아이들 얼굴에 뚜렷이 드러난다. 아이들은 불교에서 말하는 초심初心 즉, 단순하고 편견 없는 열린 마음을 가졌다. 그래서 아이들에게 주의를 기울이면 어른에게 배우는 것 못지않은 가르침을 얻을 수 있다. 다시 아이가 될 수는 없지만, 각자가 지닌 부담과 집착을 해변에 두고 올 수는 있다. 오로지 자발성, 상상력, 환희만이 중요한 어린이들 틈에서 쾌활한 영혼을 재발견한다.

물이 아이들을 부르는 건 놀라운 일이 아니다. 성인은 신체 중 50~65퍼센트가 수분으로 이뤄진 데 비해 어린이는 75~78퍼센트가 수분이다. 그리고 인간은 대부분 아홉 달 동안 엄마의 자궁 속 양수에서 헤엄치다가 태어난다. 첫 바다였던 그 공간이 아무리 좁고 작았다 하더라도 우리는 모두 날 때부터 바디서퍼였다. 그래서 수중 분만으로 태어난 아기는 자연스레 물속에서 숨을 참는다. 이처럼 물에 들어가면 호흡을 참고 심장 박동이 저절로 느려지는 것, 그리고 그 안에서 눈을 뜨는 반응을 '유아 잠수 반사'라 하는데, 아기는 생후 6개월까지 이 상태를 유지할 수 있다. 아기가 점점 자라 어린이가 되면 다시 수영을 배워야 한다니, 참으로 이상한 일이다.

아이들과 파도

아이들 대부분이 처음에는 파도를 겁낸다. 지극히 당연한 반응이지만 이 두려움을 부드럽게 해소하는 게 중요하다. 자신감과 능숙함을 갖추기까지 시간이 오래 걸릴 수도 있으니 아이들이 이 과정을 즐길 수 있게 하자. 바닷물 놀이는 바닷물 안전과 발맞춰 가야 한다는 의미다. 아이들이 겁먹지 않게 적절한 장비를 고르고, 아이의 기술과 자신감 수준에 맞는 파도 안으로 들어가 배울 기회를 찾자. 아이들이 현재 단계에서 완벽히 안전하다고 느낄 때까지 시간을 들이자. 아이들은 이 과정으로 새로운 기술, 대담하면서도 짜릿한 감정 등을 쌓아 올려 자신감을 얻는다.

가장 큰 동기 부여는 경험이 많은 친구들이 저 멀리로 모험을 떠나는 모습을 바라보는 것이다. 모험심이 부족한 아이들도 이럴 때 깊은 물에 들어가고 싶은 충동을 느낀다. 또한 라인업(파도가 부서지는 바깥쪽. 서퍼들은 보통 이곳에 앉아 파도를 기다린다-옮긴이)에 앉아 있는 일은 어른뿐 아니라 아이들에게도 자극이 된다. 서핑 공동체와 자신을 동일시해 자부심을 얻을 수 있다.

초점의 변화

파도타기는 불안을 겪는 모든 이들에게 마법 같은 기회의 창이다. 아이들도 어른만큼이나 불안을 느끼지만, 일단 이 창이 열려 물속으로 들어가면 감정을 조절하는 안전밸브를 만나게 된다. 이는 모두에게 공평하게 주어진다. 피부에 닿는 바닷물의 촉감, 물속에서 벌어지는 격렬한 이온 반응, 파도 위에서 춤추는 법을 배우려는 적극적 인 몸(이때 인체는 활발히 움직이며 행복 호르몬을 방출한다)… 이 모든 것들이 연결된 세상을 우리는 함께 누린다. 끙끙 앓던 문제나 머릿속을 차지하던 걱정은 이내 사라진다.

하나의 장난처럼 서핑을 배우는 것도 괜찮은 방법이다. 억지로 경쟁을 부추기는 방식을 고집하면 서핑은 놀이가 아닌 일이 되기 때문이다. 타고난 능력이 제 속도로 모습을 드러내도록 하라. 아이가 자신의 감각을 탐험하도록 일단 놔두는 것이다. 어른도 마찬가지다. 먼저 물가에서 현재 순간에 집중하며 바다의 색과 질감, 흐름을 관찰한다. 바람을 느끼고 해초 냄새를 맡고 소금기 어린 물을 맛본다. 모래를 밀어 올리는 파도 소리에 귀 기울이고 그 모래가 발가락 사이로 빠져나가도록 둔다. 우스꽝스러운 노래를 만들어 부르며 씩씩하게 걷고 되도록 크게 웃는다. 다만 물속에서는 웃지 않는다.

이 과정으로 서퍼는 바닷물이 얼마나 거세게 흐르는지, 더 따뜻하고 얕은 구간은 어디인지, 얼굴에 물이 닿을 때 느낌은 어떤지 같은 감각을 다양하게 느낄 수 있다. 허리 부근까지 오는 물 깊이에서는 하얀 파도의 속도와 힘을 살펴보길 바란다. 보드 방향을 틀어 이 파도를 타고자 하면, 바다 거품이 해마처럼 통통 뛰어오르며 당신을 약 올리고 방해할지도 모른다. 다행히 다치지는 않을 것이다. 누군가 귀에 대고 "긴장 풀어"라고 속삭이는 모습을 상상해보라. 그렇게 잠시 숨을 고르고 몸을 다시 세우면 우리는 본능적으로 두 발로 보드 위에 설 수 있다.

서핑의 교육과정은 그 범위가 광대하다. 바다와 바다 생물을 알아야 하고, 다른 사람과 파도를 나눠 쓰는 법도 배워야 한다. 조수 웅덩이(바닷물이 빠져나가서 해수면이 낮아질 때, 바위와 바위 사이에 물이 고이는 현상-옮긴이) 속 살아있는 교실도 탐험하자. 게와 함께 총총 걸어도 보고 새우처럼 휙 날아올라도 보자. 바위에 붙은 삿갓조개처럼 물길이 어떻게 바뀔지 기다리자. 파도를 타는 사이사이, 바다 동물인 척 물 위로 치솟았다 다시 뛰어드는 것도 다 공부가 된다.

와이프아웃에서 배우기

와이프아웃을 단순히 서핑하다 넘어지는 신체 과정으로 생각하면 안 된다. 넘어지는 순간, 파도에 묶인 에너지와 바닷물의 기세 등을 받아들이는 정서 과정이기 때문이다. 무엇보다 파도의 재빠른 움직임이 나보다 한 수 위라는 사실을 인정해야 한다. 와이프아웃은 우리가 완벽하지 않다는 사실을 알려준다. 서퍼가 와이프아웃으로 순식간에 자아를 벗어던지고 이 사실을 받아들이면 새로운 성격이 우리 안에 스민다. 경험으로 배우는 것은 마음챙김에서 가장 중요한 원칙이다. 와이프아웃으로 물속에 들어가 헹굼 코스를 경험하면 근육은 이 느낌을 기억하고, 질문하는 자세가 몸에 배도록 우리를 이끈다. 결국 와이프아웃은 겸손함을 기르는 가장 빠른 길이다.

와이프아웃으로 소용돌이치는 물속에 나자빠진 서퍼는 볼품없는 자세로 공중제비를 돈다. 하지만 이 과정은 모순되게도 감각적이고 영적인 경험을 선사한다. 마치 고래 배 속으로 들어갔다 다시 나오는 것처럼 경이롭다. 그 순간에 몸을 맡기면 파도의 압력이 물속에 완벽한 원기둥을 형성한다는 사실을 알게 된다. 그 안에서 서퍼는 어떤 소리를 듣기도 한다. 배고픈 짐승의 포효, 비통하고 불길한 한탄이 뒤섞인 음산한 소리다.

에스키모 인종처럼 수렵 채집하는 사회에서는 영적 지도자인 샤먼이 물밑으로 들어가는 의식을 거행한다고 한다. 이 의식은 보통 사냥철이 시작되기 전에 이뤄진다. 샤먼은 공동체를 대신해 죽고(물로 들어가는 과정), 그들이 섬기는 토템 동물의 영혼을 만나면 사냥에 대한 용서를 구한다. 그리고 다시 태어난다(물 밖으로 나오는 과정). 거센 와이프아웃을 경험하고 물 밖으로 나올 때, 서퍼는 이 비슷한 여정을 마친 기분을 겪는다. 이때 분비되는 다량의 아드레날린이 우리를 두렵게 하는 주된 원인이다. 큰 파도를 좇는 이들은 특히나 이 느낌에 쉽게 중독된다. 즉, 와이프아웃은 죽음에 가까운 경험이다. 하지만 대개는 파도를 정복하려던 순간, 정작 우리를 정복하고 쓰러트릴 존재는 '바다'임을 깨닫는다.

자연의 강한 울림

서핑 실력이 좋아지면 와이프아웃 빈도는 확연히 줄어든다. 하지만 점점 더 과감한 조건의 파도를 찾아 그 앞에 설수록 와이프아웃 강도는 더 커진다. 그러다 보면 영웅주의에 빠져 언젠가는 더 큰 파도를 타는 '대가'가 되어 바다를 이겨보겠다고 결심할 수도 있다. 그러나 와이프아웃은 배움의 과정이자 서핑의 한 부분으로 받아들이는 게 좋다. 먼저 와이프아웃을 완벽히 피할 수 없다는 사실을 인정해야 한다. 그러면 이 과정은 더는 실수가 아니며, 파도 위에 새기는 쉼표 혹은 마침표 정도가 된다.

와이프아웃에서 벗어나려 하기보다 위험을 감수하고 아슬아슬한 파도를 즐기는 자세도 필요하다. 그리고 때로는 립(깨지기 시작하는 파도의 꼭대기-옮긴이)에게 당할 수도 있다는 사실을 인정해야 한다. 파도와 함께 구르며 샤먼처럼 고래 배 속 같은 바다에 뛰어들자. 자연의 강한 고동에 자신을 내줘라. 리쉬(보드와 몸이 떨어지지 않도록 연결하는 줄-옮긴이)가 있으니 보드를 잃어버릴 걱정은 없다.

리쉬는 엄청난 압력을 받고 늘어났다가도 다시 원래 길이로 돌아온다. 어찌 보면 리쉬는 와이프아웃으로 마음챙김을 자각한 몸에 가깝다. 쭉 펴지며 요동치던 리쉬는 점점 원래 모양과 상태로 돌아오지만, 샤먼의 경험은 그대로 직물에 새기고 있다. 마찬가지로 한껏 늘어난 몸과 마음은 거칠게 몰아치는 파도에 휩쓸리고, 파도 꼭대기에서 떨어지며 새로운 감각을 얻는다. 그리고 조금 달라진 자기 자신으로 돌아온다.

위험 감수하기

서핑의 신체 활동에 마음챙김을 적용하면 진정한 배움이 가능하다. 약간의 위험을 감수해야 하지만, 창의적으로 도약할 수 있는 배움의 발판이 만들어진다. 이 과정으로 현재 단계를 뛰어넘어 능숙한 미래로 나아갈 수 있다. 한 발은 아는 세계에 단단히 고정하고 다른 발은 미지의 세계로 향하는 것이다. 그렇게 새로운 지형을 향해서 한 발 범위의 모험을 시작할 수 있다.

어떤 서퍼(주로 크로스 스텝으로 보드를 오르내릴 수 있는 롱보드 서퍼들)는 리쉬를 하지 않고, 와이프아웃의 위험이 따라다니는 매우 취약한 상황에 자신을 몰아넣는다. 하지만 그들도 보드가 해변으로 달아나거나 다른 사람들을 치지 않도록, 넘어질 때 보드를 잡는 방법을 먼저 배운다. 마음챙김 서핑에서는 조심스럽게 자신의 한계를 시험하며 상상을 현실로 바꿀 방법을 찾아가는 과정도 필요하다. 그러려면 '역설적 주의'로 알려진 말초 주의 능력으로 큰 맥락을 파악할 수 있어야 한다. 역설적 주의 혹은 유동적 주의 능력은 미치는 범위가 넓은 데 비해 철저한 주의 혹은 초점 주의는 코앞에서 벌어지는 현상만 겨우 알아챌 정도로 범위가 좁다.

결국 미래로 상상력을 뻗어가면서도 현실을 벗어나지 않으려면 굳건한 정체성이 바탕이 되어야 한다. 그렇게 현실과 미래 가능성 영역에 동시에 머무를 때, 마음챙김 서핑은 '안전하게 서핑하되, 언제나 한계에 도전하라'라는 역설을 끌어안을 수 있다. 가능성은 풀어주되 자만심은 묶어두자. 보드와 서퍼 사이가 느슨하면 주의 능력도 느슨해진다.

돌고래 무리의 **힘**

돌고래와 함께하는 서핑, 특히 뛰어오르는 돌고래를 보는 일은 결코 잊지 못할 경험이다. 무리 속 돌고래는 선택받은 한 마리가 더 높고 멀리 솟아오를 수 있도록 협력하는 존재다. 자신의 에너지를 지키고 있다가 때가 되면 물밑에서 다 같이 소용돌이를 만드는데, 이 과정을 위해 더 높이 뛰어오르기도 한다. 물속 움직임을 돌고래 무리보다 더 잘 보여주는 예는 아마 없을 것이다. 인체의 확장판인 서프보드는 돌고래 모양과 비슷하게 만든다. 그 덕에 서퍼는 미끄러지고 휘어지면서도 빠르게 회전할 수 있다.

서프보드를 잘 디자인하는 비결은 재질이나 형태 같은 물질세계의 조건을 보드와 연결선에 두고 생각하는 것이다. 서투른 디자인은 불필요한 잡동사니로 공간을 가득 차게 만든다. 그 결과 삶은 어수

선하고 무미건조해질 수 있다. 반면 노련한 디자인은 시간을 초월한 아름다움과 미학적 표현으로 삶을 충만하게 한다. 미학(Aesthetic)은 그리스어 어원으로 '감각의 깨달음'을 의미한다. 미학을 통해 우리는 자신의 감각 범위를 넓힐 수 있다.

서프보드 디자인도 마찬가지다. 인체의 확장판인 서프보드는 서퍼의 몸이 물속에 있을 때 많은 것들을 깨닫도록 한다. 그렇게 우리는 동물과 비슷한 지각력을 갖추게 된다. 이는 더 나은 서핑을 하게 되었다는 의미다. 즉, 서프보드를 생명이 없는 무기물로 여기는 게 아니라 살아있는 반려동물처럼 대하는 마음챙김 서핑이 가능해졌다는 것이다. 이 등식에서 마음챙김은 물질에 초연해지는 것도, 그 존재를 외면하는 것도 아니다. 연장선에 놓인 물질세계를 그대로 포용하며 그 안에서 또 다른 아름다움을 만들어낸다.

핀 없는 보드가 트러스터가 되기까지

인간은 수천 년 전부터 파도를 탔다. 보드는 지역에서 자란 나무로 만든 핀 없는 널빤지였다. 서핑이 발전하면서 핀을 붙이자 그제야 안정적으로 방향을 조절할 수 있게 됐다. 현대에서도 파도타기의 뿌리를 찾고자 하는 서퍼들은 핀 없는 보드로 실험을 계속한다. 핀 없는 보드는 사방으로 날아가긴 해도 일단 발에 익으면 잊을 수 없는 활주 경로를 선사한다. 반면 핀이 달린 서프보드는 물의 저항을 받아 활주하는 느낌보다 보드 뒤쪽으로 미끄럼타는 기분이다.

캘리포니아에서 서핑 인기가 폭발하던 1950년대 초기에는 보드 모양이 또 달랐다. 길이 2미터 이상에 거대한 D 모양 핀이 보드 꼬리 쪽에 달려있었다. 가장 실험적인 핀은 터널 핀이었는데, 터널처럼 생긴 핀이 물을 붙잡아서 보드 뒤쪽을 무겁게 만들었다. 그래서 보드 앞쪽으로 노즈 라이딩 기술을 구현하기 유리하다는 논리였다. 그러나 동물 형체를 따르지 않은 이 모델은 실전에서 무용지물이었고, 디자인은 곧 폐기됐다. 셰이퍼와 서퍼 대부분은 보드 디자인이 바다 생물의 유체 역학을 본떠야 한다는 데 동의한다. 그래서 테일보다 약간 위쪽으로 핀을 붙이는 게 조종에 유용하다는 의견이다.

보드가 극단적으로 짧아졌던 1960년대 중반부터 후반까지도 핀은 계속 한 개였다. 길이가 길고 갈퀴처럼 잘 구부러지는 새로운 형태의 핀은 돌고래 등지느러미에서 영감을 얻었다. 이 핀 덕에 서퍼는 카빙 턴(레일을 물에 담그며 도는 기술-옮긴이)하며 원호를 그리는 동작, S자로 회전하는 기술을 할 수 있게 됐다. 서핑이 단순한 직선 이동에서 수직 이동이나 낮은 무게중심을 활용한 다양한 이동 기술로 변화한 것이다. 이후 '핀 박스'가 개발됐다. 핀 박스는 핀 위치를 보드 테일에서 멀게 혹은 가깝게 원하는 대로 조절해 끼울 수 있는 플라스틱 상자다. 서퍼들은 이제 고정된 핀에 구애받지 않고 바다 생물 모양에서 착안한 다양한 디자인의 핀을 사용할 자유를 얻었다. 저항력을 높여 날카로운 턴을 시도하고 싶을 때는 조금 높은 핀을, 여유롭게 서핑을 즐기고 싶을 때는 낮은 핀을 사용한다.

자신의 보드를 바라보며 자문해보자. 당신은 이 보드 디자인의 유래를 아는가? 이 보드를 타기 전 얼마나 다양한 형태의 보드를 경험해봤는가? 현재 보드와 첫 보드가 이어져 있음을 생생히 느끼는가? 자신의 보드를 살아있는 매개체이자 역사와 기억, 생각을 담고 있는 결과물이라 상상할 수 있겠는가?

1980년대 초반에 등장한 핀을 세 개 부착한 숏보드는 이제 서핑 세계의 주류가 됐다. 이 디자인은 돌고래들이 힘을 얻기 위해 다 같이 물밑에서 소용돌이를 일으키는 원리를 바탕으로 한다. 양옆 핀이 중앙 핀 주변으로 물살을 일으켜 미는 힘(Trust)을 더해주는 구조다. 그래서 이름도 트러스터Thruster(핀이 세 개 달린 보드 형태-옮긴이)다. 트러스터가 개발되기 전에는 '트윈 핀' 보드가 놀라운 속도감을 보여줬지만, 이 방식은 뒤쪽 물결이 지나치게 흔들렸다. 이제 서퍼들은 선물처럼 찾아온 중앙 핀의 안정감을 택하거나 쌍을 이뤄 추진력을 더하는 양쪽 핀을 택하면 그만이다. 여기에 길이가 더 길어지고 쉽게 탈 수 있는 보드가 등장하며, 누구든 자기 상황에 맞는 보드 디자인을 선택할 수 있게 됐다.

서프보드의 품질을 높이고 변화를 주도한 핵심은 결국 자연에 있었다. 자연에서 얻은 영감이 생체 모방 디자인을 완성한 것이다. 서퍼는 이제 바다 생물의 적극적인 몸짓을 흡수해 파도타기에 응용할 수 있다. 서퍼는 또 돌고래가 헤엄칠 때 사용하는 근육과 연골을 보고 파도 표면에 원호를 그린다. 보드의 핀은 돌고래 무리가 서로 힘을 보탤 때 사용하는 지느러미를 모방한다. 이런 관찰과 해석을 가능하게 하는 존재가 바로 서핑의 마음챙김이다.

물을 닮아가기

중국의 현자 노자는《도덕경》에서 물의 덕을 이렇게 칭송한다.

'물은 만물을 이롭게 하면서도 다투지 않는다. 낮은 곳에 머물고, 깊은 곳으로 흐른다. 자신을 드러낼 때는 솔직하며 다툴 때는 부드럽다. 다스릴 때는 지배하지 않고 움직일 때는 때를 잘 맞춘다. 본성에 만족하니 허물이 없다.'

하지만 노자의 관찰은 역설적이다. 물의 범위는 얼음과 증기 같은 양극단을 포함한다. 물이 정말 '부드럽게' 다툰다고 할 수 있을까? 9미터 높이의 큰 파도가 솟구치는 모습을 바라보는 서퍼에게 그렇게 말해보라. '최고의 선(도덕적 삶의 최고 단계)은 물과 같다'고 노자는 말한다. 물은 형태를 바꾸고 상황에 적응하면서 자신을 드러내고 주변을 받아들인다. 하지만 인간은 그렇지 않다. 인간이 지닌 가장 파괴적인 특징 중 하나는 반대 의견을 좀처럼 받아들이지 못하는 것이다.

도교 철학자들은 자연의 은유를 삶의 지침으로 보기보다 자연에서 직접 가르침을 얻고자 했다. 또한 사람도 자연의 한 요소이며 도가 발현된 상태가 곧 자연이라 생각했다. 한 예로 현재 위치에서 가고 싶은 방향이 있는데, 움직일 수 없는 상태라 하자. 이때 우리는 나갈 수 있는 길을 찾아 헤맨다. 어디로든 빠져나가면 가고 싶은 방향으로 계속 나아갈 수 있다. 서핑도 마찬가지다. 패들아웃 도중 더 큰 세트가 깨지면서 파도에 갇혔을 때, 서퍼는 거품 파도를 잡아 해변으로 되돌아가야 한다. 이때 이안류 흐름에 합류하면 수심이 깊은 채널에서 패들아웃을 다시 시도할 수 있다. 그것이 바로 물의 역할이다. 물의 요구를 받아들이고 함께 흘러가라.

물의 흐름을 느낀다

서퍼가 아닌 경우에는 서핑이 결국 혼자 하는 활동이지 팀 스포츠는 절대 아니라고 생각한다. 하지만 꼭 그렇지만도 않다. 서핑에서 라인업을 할 때는 보통 붐비고 혼란스러우며, 서퍼들끼리 서로 부딪힐 위험도 있다. 하지만 아무리 사람들이 많고 분위기가 어수선해도 물은 불평하는 법이 없다. 그저 조용히 흐르고 있을 뿐이다. 도교는 우리에게 물을 닮으라고, 주변과 맞춰서 흐르라고 이야기한다. 이 가르침은 도道의 시작점에 불과하다.

서핑의 목적은 물처럼 되는 것이 아니다. 물로 인해 달라지는 물길을 그저 따르는 것이다. 물은 변화의 매개체이지 서퍼가 도달해야 하는 목적이 아니다. 때로는 물이 적이 되기도 한다. 작은 파도라도 오프쇼어 바람(바다와 육지의 온도 차로 육지에서 바다 쪽으로 부는 바람-옮긴이)이나 바다 밑에 깔린 자갈 때문에, 속이 텅 빈 모양으로 다가오면 파도 꼭대기에 선 서퍼를 떨어뜨리기 쉽다. 이때 날카롭고 독성이 있는 산호초 위로 떨어진다면 웃을 수만은 없다. 서핑에서는 이런 파도를 '커튼 면도날'이라 부른다.

도교에서는 보통 물을 '음陰'이라고 부른다. 흡수성과 적응력이라는 물 고유의 성질 때문이다. 하지만 이는 개울이나 시냇물 또는 잔잔한 바다에나 해당하는 사항이다. 나는 파도가 '양陽'에 가까우며 거친 면을 가지고 있다고 생각한다. 파도는 늘 무언가와 맞서 싸운다. 그때 물은 한 치의 양보도 없으며 멈추는 법도 없다. 어떤 장애물을 만나더라도 가장 약한 곳을 찾아 뚫릴 때까지 쉼 없이 압력을 가한다. 물은 기회도 잘 잡는다. 아주 작은 틈이라도 발견한 순간 그쪽으로 흐른다. 물은 실존하는 힘이다.

어쩌면 기회주의 철학이 도교를 이해하는 한 가지 방법이 될 수 있다. 원칙 없이 흐름이 어디로 향하는지 보고 무조건 따르는 것이다. 하와이의 유명 서프보드 브랜드인 '타운 앤드 컨트리Town & Country'는 도교의 음양 문양을 흑백으로 그려 로고에 넣었다. 이 로고의 도교적 기원을 잘 모르는 고객도 있을 것이다. 1970~1980년대, 타운 앤드 컨트리가 제작한 보드를 타던 서퍼들은 시대를 앞서는 세계 제일의 부류였다. 극한의 움직임으로 균형을 잡는 것이 이들의 강점이었다. 이들이 타던 다소 급진적 디자인의 보드, '스팅어'는 빠르게 방향을 틀 수 있어서 서퍼들의 감각을 자극했다. 물론 그만큼 주의가 필요했지만 말이다. 어쨌든 이런 서핑 방식은 스케이트보드를 타는 진취적인 사람들에게 영향을 미쳤고, 이들은 다시 1990년대 서퍼들에게 또 다른 영감을 줬다. 서퍼는 공중 기술(에어리얼)을 선보인 뒤 파도 위에서 깔끔하게 착지하는, 서핑의 최고 기술을 선보였다.

이런 서핑 기술 기저에는 물의 '흐름'을 기리는 정신이 있었다고 본다. 도교에서 말하는 음과 양의 조화는 일시적이고 변화하는 성질을 지닐 때만 이룰 수 있다. 즉, 서로를 향해 혹은 서로 정반대로, 그것도 아니라면 서로의 에너지가 관통할 때만 깨달음을 얻을 수 있는 것이다. 이 일시적인 교류가 남긴 교훈은 서핑의 마음챙김에서 아주 중요한 부분이다. 물은 다룰 수 있다고 생각할수록 더 크게 실망하게 된다. 오히려 물에 빠져 허우적거릴수록 서핑 실력이 좋아진다.

꾸밈없이 파도를 타는 자세

1950년대 캘리포니아에서 현대적인 서핑이 인기를 끌기 시작한 이후, 서핑하는 아이들을 '그로밋' 또는 '그레미'라고 부르게 됐다. 옛날이야기에 나오는 짓궂은 생명체 '그렘린'에서 온 이름이다. 이들은 서핑 공동체에서 없어서는 안 될 역할을 했다. 서핑의 미래이기 때문만이 아니라 나이 든 서퍼를 늘 긴장하게 했기 때문이다.

그로밋들은 꾸밈없이 자연스럽게 파도를 탄다. 그들의 시각은 언제나 현재에 머물러있다. 그러나 물 밖으로 나오면 사정은 달라진다. 아무리 어려도 나름의 스트레스가 있다. 또래나 어른들에게 받는 기대감이 부담스러울 수 있고, 어쩌면 생계가 힘든 부모 때문에 걱정이 많을 수도 있다. 이를 적절히 대처하기 위해 학교에 마음챙김 수업을 도입한 나라도 있었다. 어떤 아이가 운 좋게도 서핑할 수 있는 바닷가 근처에 살고 있다면 어떨까? 바닷물의 흐름에 완전히 몰입해 해변을 향해 부서지는 파도를 타고 있을 것이다. 이 스릴보다 더 좋은 약은 아마 없을지도 모른다.

서핑에 녹아들되 압도당하지 않을 때 서핑은 아이들의 놀이처럼 친근해진다. 그리고 놀이와 안전이 함께 간다면 서핑은 모든 이에게 긍정적인 경험이 될 것이다. 안전하게 서핑하려면 물이 허리 높이로 오는 곳에서 작은 파도를 즐기는 게 바람직하다. 가족과 서핑할 때 내가 가장 선호하는 깊이이기도 하다. 요즘은 웨트슈트가 비교적 체온을 따뜻하게 유지해주지만, 그래도 한겨울 날씨(온대 지방의 기후)에는 와이프아웃으로 물에 휩쓸릴 경우를 대비해야 한다. 파도의 사나움이 덜하면 차가운 헹굼 코스도 줄어들기 때문이다.

하지만 내가 말하는 파도 높이는 지극히 성인 기준이다. 누군가에게는 물 높이가 무릎에서 허리 사이여도 다른 이에게는 머리 이상의 높이일 수 있다. 마음챙김 서핑은 물의 높이와 깊이처럼 상대적인 속성을 잘 이해할 때 이뤄진다. 이럴 때 서핑은 서퍼에게 겸손을 가르친다. 언제나 서퍼의 콧대를 꺾고 그들이 가진 능력과 경험, 체력, 각오 같은 상대적 등급이 어느 위치인지를 깨닫게 한다. 가령 작은 파도를 타는 데 성공하고 '별거 아니네'라고 생각했다고 하자. 그리고 바로 뒤에는 당신과 비슷한 파도를 탄 사람이 있다. 그에게 이 파도는 머리 위까지 올라오는 그라운드스웰(파도의 너울과 너울 사이 간격이 길어서 강하고 멀리 가는 물결-옮긴이)이었는데, 그 또한 멋지게 성공해 환호성을 질렀다. 어쩌면 그건 얼마 전 내 모습이었을지도 모른다.

작은 파도로 훈련하기

언젠가 우리에게 그 어렵다는 30미터 파도를 타고 기록을 남길 날이 올지도 모른다. 하지만 우리는 알고 있다. 그런 전설을 세우려면 목숨을 위협하는 와이프아웃 또한 충분히 겪어야 한다는 사실을. 서핑하는 사람들은 대개 큰 파도를 그다지 원치 않는다. 오히려 바람이 빗질해 충분히 부드러워진, 한쪽부터 부서지는 매끄럽고 긴 파도를 선호한다. 크기나 양보다는 질인 셈이다.

이제는 전설이 된 그로밋들은 서핑에서 공포의 원천인 괴물 같은 파도를 다 물리치고 정복했을 것이다. 지하 세계로 굴러떨어진 그 긴 시간 동안 숨을 참고 침착함을 유지하는 법을 배웠을 것이다. 그 시커먼 급류에서 가장 큰 위험은 방향 감각을 잃는 것이다. 수면을 향하는지 해저로 들어가는지 알 수 없어서 공포가 찾아온다. 이때 큰 파도를 많이 겪어본 전문가들은 종종 긴장을 풀고 주의를 모으는 명상 기술을 활용한다. 그렇게 순간에 집중하고 고요한 주의력을 극대화해 능숙하게 움직이면 목숨을 건지기도 한다. 그들은 요란한 물살과 싸우지 않고 물살이 지나가길 기다렸다가(1분까지 걸릴 수도 있다) 수면 위로 올라온다.

큰 파도를 정복하려면 자아가 강해야 한다고 생각할 수 있지만, 큰 파도를 타는 거장들은 의외로 겸손하다. 그들은 파도가 어느 때든지 큰 위협이 될 수 있다는 것을 안다. 그리고 허파에 바람이 들면 가장 큰 적이 된다는 사실도 잘 안다. 부풀었을 때 좋은 건 부력조끼뿐이다.

아무리 그래도 조금씩 큰 파도를 타보는 건 훌륭한 교육이 된다. 그 과정으로 서퍼들은 세상이 그들에게 경험을 제공하는 것이지, 그 자신이 직접 경험을 만드는 게 아니라는 사실을 깨닫는다. 서퍼가 지금까지 겪은 가장 큰 파도 위에서 균형을 잡는 순간, 바다는 변덕을 부리며 그를 내동댕이친다. 이때 가장 높은 곳을 열망하던 서퍼의 영혼은 어찌 됐을까? 과연 오만의 늪 위에서 꺾였을까? 깊은 괴로움 속으로 떨어진 영혼은 이 모욕을 어떻게 감당해야 할까? 과연 서퍼의 이해 범위는 넓어질 수 있을까? 마음챙김으로 인한 호기심을 유지하면 가장 높은 곳과 밑바닥의 역설을 포용할 수 있다. 무언가를 갈망하는 마음과 혐오하는 마음을 분리하게 된다. 더 두꺼운 파도로 돌진하겠다는 야심이 있다면 조심스럽게 시작하자. 당신도 한때는 그로밋이었다. 아니, 어쩌면 여전히 그로밋일 수 있다.

작은 파도는 서퍼가 에너지를 안정적으로 쏟을 수 있게 유도하고, 정신 건강 향상에도 도움을 준다. 또한 다른 곳에서 성취감이나 해결책을 얻으려 애쓰는 수많은 사람을 지원하고 치유한다. 그러다 아드레날린 맛을 경험하면 욕심이 커질 수 있다. 하지만 머리가 커지다 못해 바다 물결보다 더 부푸는 건 금물이다. 큰 파도는 모든 것을 무너뜨릴 수 있음을 명심하자.

파도 안에서 얻은 자유

많은 이들이 자신도 모르는 사이에 미래 세대에게 물려줄 지구를 파괴하는 습관이나 소비 패턴에 사로잡힌다. 서핑도 이런 어두운 힘을 피하지 못했다. 서퍼들을 중심으로 대중 소비문화가 발달하면서 서핑 장비와 유행하는 의상을 찾는 이들이 늘었고, 이는 많이 사고 많이 버리는 흐름으로 이어졌다. 이로 인해 오염과 노동력 착취라는 결과를 낳았다. 서프보드를 생산할 때 사용하는 독한 화학물질, 값싼 노동력이 주된 원인이다.

그러나 깨끗한 파도 너울이 다가오는 바다 앞에 선 서퍼는 약간 자유롭다. 자신의 소비와 보드 위에서 느끼는 특별한 경험 사이를 파고드는 어떤 모순에도 구애받지 않는다. 바다 앞에 서면 서퍼는 사회적 부담이 사라지는 기분을 느낀다. 이런 자유로움과 만족감은 마음챙김과 '아힘사(비폭력이라는 뜻으로 불교, 힌두교, 자이나교의 핵심 원칙이다)'에 바탕을 둔 것일까? 아니면 안일함이 불러온 단순한 만족감인 걸까?

언젠가 잡지에 실린 서핑 의류 광고가 널리 알려진 일이 있다. 그 광고는 바다에서 느끼는 끝없는 해방감을 가리키며, '오직 서퍼만이 이 느낌을 안다'라고 적었다. 이 자유로움은 마음챙김이 가져오는 특징이다. 하지만 자유가 수면을 스치듯 피상적인 감각에 그치는 건 좋지 않다. 이를 방지하려면 내면을 가꾸는 마음챙김에서 상식을 추구하는 사회적 마음챙김으로 옮겨가야 한다.

사회적 마음챙김 또는 확장된 마음챙김은 몇 가지 이상적 가치를 밑바탕에 두고 있다. 차이를 받아들이고 다른 이에게 관용을 베푸는 것, 모든 생명체에 친절하며 우리가 함께 쓰는 환경을 보살피는 마음 같은 것들이다. 이 개념에서 파생된 어휘는 '결합', '교환', '신용', '안전' 등 경제 용어와 비슷하다. 그러나 이런 용어는 단순히 설명하기 위해서가 아니라 다른 목적으로도 사용된다. 서핑이 제공하는 '자유'라는 자본이 바다에 접근하는 모든 이들에게 공평히 돌아가도록 활용된다. 그로 인해 누군가의 사회적 행동을 유도할 수도 있다.

바닷가 환경과 유대 관계를 맺거나 서핑 커뮤니티와 교류하는 것, 자신의 장비를 신뢰하는 일 등도 서핑에 꼭 필요한 활동이다. 또한 연습을 통해 자신감을 쌓을 필요도 있다. 그렇게 하면 예측할 수 없는 형태로 다가오는 파도와 안정적인 관계를 유지할 수 있다. 이 또한 경제 모델을 이야기하는 것이 아니다. 서퍼의 피부로 느낄 수 있는 생생한 물속 현장을 설명할 뿐이다.

자연의 가르침

파도는 자유로운 움직임을 나타내는 위대한 상징물이다. 그 상징은 바다 표면과 직접 맞닿는 바람의 영향으로 모습을 드러낸다. 파도의 에너지는 물을 따라 이동하는데, 원형으로 퍼지면서 해안 바닥에 닿으면 바위, 산호초, 모래, 자갈 위, 곶이나 돌출부 아래에서 형태와 크기를 갖춰 위로 솟구친다. 그리고 깨지면서 다시 뒤로 물러난다. 이런 에너지를 물리학자는 수많은 방정식으로 설명하려 한다. 하지만 서퍼는 우아하고 빠른 바텀 턴(파도의 가장 낮은 부분(Bottom)에서 방향을 틀어(Turn) 파도 꼭대기로 올라가는 기술-편집자)으로 그저 에너지를 느낀다.

파도의 움직임은 서퍼가 누리는 자유를 구체적으로 보여준다. 가령 서퍼가 테이크오프해 열린 파도를 잡아 서핑하는 모습, 립에 부딪치거나 노즈를 향해 발을 구르는 모습, 소울 아치(보드 위에서 균형을 잡은 채 몸을 뒤로 젖혀 아치형으로 구부리는 자세-옮긴이)로 섹션(파도가 한쪽부터 차례로 부서지지 않고 한 번에 부서지는 구간-옮긴이)을 통과하는 모습 등은 경이롭고도 신비롭다. 이렇게 파도 위에서 경험한 풍요를 마음속으로 가져와 삶을 한 단계 더 발전시킬 수는 없을까? 모두 함께, 각자의 삶을 서핑할 수는 없을까? 서핑 지역과 커뮤니티를 위해, 더 나아가 국가와 인종, 지구 생존을 위해 다른 사람들과 짐을 나눠 메고 행동할 수는 없는 걸까?

서핑 공동체에서 활동하며 기술, 지식, 장비, 노동력 등을 서로 공평하게 나누길 권한다. 이는 단순히 스포츠나 레저 활동을 넘어선 더 깊은 유용함이 있다. 한때는 '소울 서핑'라 불렸던 '마음챙김 서퍼'의 이상을 실현하기 위해 가장 먼저 '자연의 교육과정'을 공부해야 한다. 파도 형태와 암초가 지나는 길, 해변 형태학, 이안류, 조수 변화, 파도 형성, 날씨 패턴 등을 읽을 수 있어야 한다. 그렇게 서퍼들은 아마추어 지리학자, 지질학자, 해양학자, 생물학자가 된다.

더 나아가 이렇게 얻은 정보를 윤리적 행동과 생태적, 정서적, 영적 깨달음 영역으로 확장할 수 있어야 한다. 이제껏 서핑 세계는 서퍼들에게 검증 가능한 고유의 지식을 전해왔고, 서핑 문화는 기상학, 지형학, 측심학(수중의 깊이와 해저를 연구하는 학문)을 결합하는 데 탁월한 전문 학자들을 배출했다. 이와 같은 맥락으로 서핑 세계는 이제 진정으로 지속 가능한 소비 형태를 개발할 수 있으며, 이상 실현을 가능케 하는 포괄적인 대안도 마련했다. 그래서 서핑과 관련된 모든 이들에게 동등하고 모자람 없는 자유를 간접적으로나마 나눌 수 있게 됐다.

조수 이해하기

조수潮水는 마치 바다의 허파 같아서 부풀었다 꺼졌다 한다. 들숨에서는 지구 가까이로 다가온 달이 물을 잡아당겨 바다 피부를 늘리고, 날숨에서는 달이 멀어지면서 바다 피부가 느슨해지고 물이 빠진다. 조수는 시계와도 같다. 조수를 의미하는 영어 단어 '타이드Tide'는 시간을 뜻하는 고대 영어 '티드Tid'와 독일어 '차이트Zeit'에서 왔다. 조수는 자연스럽게 마음챙김을 유도한다. 그리고 우리를 리듬 속에 가둔다. '리듬'은 '흐르다'라는 의미의 고대 그리스어를 어원으로 한다. 그래서 우리는 절대 멈추지 않는 물과 바다에게 돌아올 수밖에 없다.

나는 지금껏 세계 곳곳에서 서핑을 해왔지만, 가장 좋았던 순간은 영국 웨스트 콘월에서 7미터가량의 조수 차를 관찰했을 때다. 그

곳은 밀물 때 석영과 운모가 깔린 모래사장이 모습을 드러내는데, 모양이 꼭 초승달을 닮았다. 실개천이 흐르고 바위 사이에 웅덩이가 고이는 풍경은 썰물 때 볼 수 있다. 봄과 초여름에는 울렉스 꽃이 코코넛과 파인애플 향기를 내뿜고, 콘월 문장에도 등장하는 붉은부리까마귀는 가끔 절벽 위를 맴돈다. 파도가 밀려올 때 서퍼는 보드를 들고 절벽 아래를 내달린다. 그렇게 너울을 향해 나아가는 동안 서퍼는 햇볕 쬘 곳을 찾느라 질러가는 살모사를 마주할 수도 있다. 그 위에서 황조롱이는 먹이를 노려보고 있을지도.

바다는 거친 너울을 품은 밀물 형태로 몰려온다. 강한 박동 소리를 내며 질주하는 이유는 자신의 모든 무게를 해변에 내려놓기 위함이다. 이런 모습은 태양과 달이 일직선에 놓여 강하게 바다를 끌어당기는 사리(밀물이 가장 높은 음력 보름과 그믐 사이-옮긴이)에 절정을 이룬다. 바다의 넘치는 에너지는 마치 손에 잡힐 것만 같다.

달과 해가 합을 이룬 효과는 한 달 내내 다양한 모습을 드러낸다. 해와 달이 협력할 때(보름달과 초승달일 때) 조수 차가 가장 크며(사리), 상현달과 하현달일 때는 해와 달의 힘이 서로 반대로 작용해 조수 차가 줄어든다(조금). 이는 두 인력이 서로 힘을 합치거나 대립하면서 세계 모든 바다를 탄성체로 삼아 끌어당기는 아주 놀라운 현상이다. 달의 인력이 너무 강했다면 지구상에 존재하는 모든 물을 끌어다 우주에 뿌렸을 것이다. 다행히 조수의 힘은 그리 약하지 않다. 밀물과 썰물의 힘은 웅장하면서도 위엄 있으며, 서퍼가 가장 신뢰할 수 있는 에너지원이다.

쉼 없이 오르내리는 조수의 힘을 더 완전하게 하는 건 날씨 변화다. 가령 바다에서 증발한 물은 비로 돌아온다. 어쩌다 조수 간만 차가 크게 벌어지면 날씨가 극적으로 바뀌기도 한다. 바다가 하늘의 성질을 빨아들이는 것인지 어쩐지 알 수는 없다. 금방이라도 비나 뇌우를 뿌릴 듯 사람들을 위협하던 험상궂은 하늘은 어느새 바다에 동화되어 평온을 찾는다.

금방이라도 번개가 내리칠 듯한 날씨에는 바다 한가운데, 넘실대는 너울 위에 앉아있어 보라. 그러면 인간의 형체가 광활한 바다에 비해 얼마나 작은 존재인지를 알게 된다. 바로 이 순간이 서핑이 우리에게 가르침을 주는 시간이다. 인간의 몸은 억겁의 지구 서사 중 하나의 점에 지나지 않을 정도로 무상하다.

바다를 마시다

밀물과 썰물은 절대 길들일 수 없다. 북유럽 신화 속 거인 우트가르다 로키는 천둥의 신 토르에게 술 마시기 내기를 제안한다. 토르는 기꺼이 뿔잔을 비우려 했지만 아무리 노력해도 다 마실 수 없었다. 거인의 속임수로 뿔이 바다와 연결되었기 때문이다. 토르가 내기에서 이기려면 바닷물을 다 마셔야 했다. 거인은 토르의 나약함을 비웃었다. 하지만 이 전설은 그때부터 바다가 오르내리기 시작했다고 전한다. 불가능한 임무를 완수하려던 토르의 용맹한 노력이 메아리가 되어 바다에 전해진 것이리라.

이제 홀로 파도를 타는 외로운 서퍼 이야기로 되돌아가자. 그 이야기의 배경은 조수 변화다. 토르가 천둥을 내리친다. 번갯불이 번쩍거리고 비를 머금은 시커먼 구름이 잔뜩 몰려온다. 외로운 서퍼는 누구보다 강인하고 전능한 신이 되고 싶을지도 모른다. 하지만 토르가 바닷물을 다 마시지 못했다는 사실을 떠올려야 한다. 그 또한 불안하고 서글픈 기분을 느꼈을 것이다. 외로운 서퍼도 마찬가지다. 그는 절대 쏟아질 듯한 구름이나 낮게 뒤덮인 하늘 같은 날씨를 이

길 수 없다. 이럴 때는 차라리 스스로 날씨가 되는 길을 택하라. 날씨를 그대로 받아들이는 것이다. 서퍼는 빗줄기를 맞으며 폭풍 치는 파도 위에 앉았다. 한없이 초라해진 기분이 들 수도 있다. 이때 토르가 기침하면서 조류를 따라 거대한 파도 커튼이 다가온다. 파도가 해변에 부딪혀 흰 거품으로 부서질 때까지 서퍼는 파도를 타면 된다. 달의 인력과 힘을 합친 조수의 숨결을 따르며 심호흡을 해보자.

저기압과 서핑

압력이 낮은 날씨 즉, 저기압에서는 바다 위로 강한 바람이 불어 파도를 일으킨다. 그래서 서퍼들은 저기압과 저기압으로 인해 발생하는 다양한 날씨를 선호한다.

하지만 일상에서 다른 형태의 저기압이 우리를 내리누른다면 이야기는 달라진다. 미국 소설가 윌리엄 스타이런William Styron이 '보이는 어둠'이라 표현한 저기압 상태에서는 만성적으로 기분이 가라앉고 불안이 엄습한다. 그리고 아주 쉽게 침울함과 비참함을 느끼게 된다. 어떤 이들은 자아가 모두 녹아 사라지고 커다란 블랙홀이 눈앞에서 입을 벌리고 있는 느낌이라고 말한다. 이 문제로 많은 이들이 의사에게 의지한다. 하지만 의사들은 일반적으로 항우울제를 처방할 뿐이다.

항우울제를 처방하는 치료가 너무 흔해지다 보니, 어느 나라에서는 지하수에서도 이 약 성분이 발견됐다. 하지만 최근에는 약 대신 그린짐(트레이닝 시설을 벗어나 초록빛 숲에서 걷기, 달리기, 자전거 타기 등을 하는 활동-편집자)과 블루짐(실내 수영장이 아닌 호수나 강, 바다 등의 푸른 공간에서 수영 및 수상 스포츠를 즐기는 것-편집자)에서 할 수 있는 환영할 만한 처방이 나오고 있다. 여기에 마음챙김이 더해지면 극적인 결과가 생길 수 있다.

블루짐에서 받은 평생 처방전

블루짐에서는 서핑을 치료법 중 하나로 시도하고 있다. 파도 세트를 향해 패들링하다 매끈한 파도 위로 뛰어오를 때, 서퍼는 눈가에 튄 짜디짠 바닷물을 맛볼 수 있다. 이렇게 멋진 파도를 만나는 경험보다 더 좋은 약이 또 있을까? 크고 강하게 바텀 턴한 뒤 살짝 올려다보면 사람 키보다 두 배 이상 높은 파도가 깨지면서 하얀 거품을 이끌고 온다. 서퍼는 최고의 자리를 찾아 전에 없이 빠른 속도로 파도 위에서 미끄러진 뒤 바다를 가르듯 깔끔한 컷백(보드 방향을 완전히 돌려 출발했던 곳으로 돌아가는 동작-옮긴이)을 선보인다. 그런 다음 쇼어 브레이크(해변에서 파도가 깨지는 구간을 '쇼어 브레이크'라 하며, 파도가 깨지는 곳에서 서핑할 수 있으면 그 구간은 '서핑 브레이크'라 부른다-옮긴이)에서 킥아웃(서핑을 멈추기 위해 보드를 던지는 동작-옮긴이)한다.

부서지는 파도에서 시간을 보내다 보면 세로토닌, 옥시토신, 도파민 수치가 올라간다. 모두 세상과 조화를 이루는 데 유용한 성분들이다. 서핑은 사랑 같은 열정을 키울 뿐 아니라 심박수도 올려 여러모로 심장 건강에 도움을 준다. 평온함, 수용력도 생긴다. 엔도르핀을 내뿜으며 블루짐에서 운동할 때 마음챙김을 훈련하면 더 많은 것을 얻을 수 있다. 마음챙김 의식 즉, 현재에 집중하고 주의력을 유지하면서 감각과 인접 환경을 알아차리는 훈련은 불안 지수를 낮춘다. 효과를 입증할 증거도 점점 늘고 있다.

마음챙김으로 인한 변화는 마음을 잘 단속하고 있을 때 찾아온다. 미래를 앞서 걱정하거나 과거를 되새기다 두려움에 사로잡히면 현재의 삶에 먹구름이 드리운다. 우리는 이 수준까지 가지 않도록 주의해야 한다. 병적인 생각이 마음을 가득 채우면 그 안은 작위적인 이야기로만 가득해진다. 이 먹구름은 결국 서퍼가 자신이 처한 현실과 관계를 맺으려 할 때 방해 요인이 된다.

블루짐에 들어가서 움직일 때, 뭔가를 성취해야 한다는 강박을 내려놓자. 종 모양의 해파리가 고동치듯 움직인다는 사실을 깨달을 때, 작은 파도의 휩쓸림에 몰입할 때, 우리는 마음챙김을 경험한다. 그리고 먹구름 너머의 삶으로 나아간다.

폭풍에서 폭풍까지, 녹아들기와 멜랑콜리

과거에는 우울증(Depression)을 현재와 다르게 해석했다. 서양의 중세 및 르네상스 사회에는 멜랑콜리Melancholy라는 성격 유형이 존재했다. 이런 유형의 사람은 종종 외톨이였지만, 한편으로는 사색적이고 지적인 사람으로 보였다. 즉, 우울감은 어둡고 무거운 감정이면서 동시에 생각이 깊고 지혜가 풍부하다는 표식이기도 했다. 그래서 크게 나쁘게 보지 않았다. 멜랑콜리 유형의 사람들은 골똘히 생각하고 이리저리 살펴보는 사람이었다. 바다를 거대한 화폭에 비유한다면 이들은 그 캔버스 안에 그려진 작고 외로운 인물이었다. 그림 속 인물은 사나운 날씨가 주변을 뒤덮을 때 바다의 열린 가슴으로 뛰어들 준비를 하고 있다.

서핑은 단순한 파도타기가 아니라 거대한 자연에 몰입하는 경험 자체다. 가슴 아프도록 고요한 바다에 간간이 파도가 무리 지어 찾아오는데, 그 너울이 부서지는 모습에 주목하자. 이는 우울감이 지나간 자리에 불안정한 활력이 잠시 찾아오는 과정과 닮았다. 그러다가 더 큰 공간이 활짝 열리면 다시 깊은 적막이 찾아든다. 그건 무기력하고 힘없는 우울증이 아니라 사색의 시간이다. 이런 시간을 겪으면 감정은 바다와 하늘이라는 더 큰 감정 앞에서 잠잠해진다.

등식은 간단하다. 저기압=파도=신체 활동+마음챙김=건강 증진과 환경에 대한 긍정적 관심. 우울증은 멜랑콜리 혹은 사색하는 존재를 뜻한다. 이 의미는 또 다음과 같은 등식으로 정리할 수 있다. 항우울제를 처방받을 필요성 감소=물에 타서 먹는 항우울제 양 감소=영원히 지속되는 그린짐과 블루짐.

계절 탐색하기

서핑하는 사람들은 직관력 있는 기상 캐스터다. 열대 우기와 건기부터 온대 기후 사계절까지 변하는 계절을 탐색하면서 끊임없이 마음챙김 공부를 이어왔다. 해초 줄기를 바깥에 걸어두고 매일 습도를 확인하는 방법이 있는데, 이는 훌륭한 자연 기압계다. 전 세계에 널리 분포하는 블래더 랙Bladder Wrack이 가장 적합하다. 이 해초가 눅눅하고 불어나 있으면 비가 온다는 뜻이고, 건조하고 쪼그라든 상태면 따뜻한 날이 예상된다.

서퍼도 나이가 들면서 해초처럼 날씨 변화와 습도, 기압 등을 신체 감각으로 측정할 수 있게 된다. 이를테면 몸마음챙김이라 부를 수 있다. 서퍼의 몸과 마음 전체가 기압 변화에 적응하는 것이다. 세계와 기후가 우리 상태를 조율한다. 다시 블래더 랙으로 돌아가자.

이 해초는 잎 부분에 공기로 가득 찬 기공, 이른바 '방광(Bladder)'이 있다. 블래더 랙은 이 방광 덕에 공기주머니와 마찬가지 원리로 물에서 떠오른다. 블래더 뒤에 붙은 '랙Wrack'이라는 단어는 그 자체로 난파선 혹은 물가에 쓸려온 어떤 것을 의미하는데, 나는 모든 서퍼가 마지막에는 이런 모습이 되길 희망한다. 대체 의학에서 보고한 블래더 랙의 효과는 실로 다양하다. 특히 요오드가 풍부해 갑상샘으로 흡수되면 갑상샘 호르몬을 만들어낸다.

물의 마음과 함께

블래더 랙이 그 이름처럼 혹은 상징적으로 몸마음챙김에 도움을 주는 것처럼 바다 역시 그렇다. 서퍼는 때때로 바다가 자신의 몸과 마음을 받아주고 있다고 느낀다. 또한 바다가 보여준 마음이 그의 생각과 함께한다고 여긴다. 서퍼의 생각 또한 몸처럼 훈련되는 것이다. 영국이 고향인 나 같은 서퍼에게 이런 기분은 갑작스러운 한파, 휘몰아치는 돌풍, 고요하면서 비교적 더운 여름날을 모두 받아들이

게 한다. 열대 혹은 아열대 지역이라면 서퍼는 목욕물처럼 따뜻한 곳에서 가장 좋은 파도를 만날 수 있다. 그들은 계절 변화가 아닌 기후를 가지고 있기 때문이다.

서로 맞물리며 다양하게 펼쳐지는 계절은 서퍼에게 주변 환경에 적응하는 법을 알려준다. 내 고향 웨스트 콘월의 경우, 수평선 너머로 대기가 에너지를 끌어모으는 모습이 너무나 자주 목격된다. 그래서 사람들은 "날씨 어때요?"라고 물으면 "5분만 기다려보세요"라고 답한다. 날씨가 그만큼 급작스럽게 변하기 때문이다. 갑자기 폭우가 쏟아지며 바람이 몰아치다가 돌연 해가 쨍쨍해져 구름 낀 하늘 사이로 타오르는 석양이 보일 때도 있다. 바다와 날씨가 우리에게 이렇게 다양한 모습을 보여주는데, 언제 지루할 틈이 있겠는가.

달라지는 계절과 매일의 변화가 바다의 피부에 스며들면 그 순간에 맞는 색깔, 물결, 장력, 분위기를 이룬다. 서퍼들은 수평선을 훑으며 너울과 기상 변화를 읽고, 곶 주변에서 부서지는 급류를 확인할 수 있다. 이안류 현상으로 해수면이 빠르게 움직일 때 그 흐름을 좇고, 움직이는 모래 높이에 따라 달라지는 물색을 알아챈다. 해변의 윤곽을 보며 어디서 파도가 부서질지 판단하고, 풍향 변화를 알리는 새로운 물결을 잡아내 미래를 예측하는 법을 배운다.

물개 가족

전 세계 뱃사람과 어부는 바다의 형태와 색깔뿐 아니라 안개를 묘사하는 다양한 어휘를 가지고 있다. 가령 바다 위에 엷게 낀 안개 해무나 솜털처럼 말려 수평선 위에 내려앉은 증발안개, 강한 바람에 흘러가는 박무 같은 말들이다. 마찬가지로 바다에 푹 빠진 서퍼 역시 조수 상황, 너울 크기, 날씨 변화 등 바다 상황을 잘 읽을 수 있다. 그동안 몸마음챙김 기술로 갈고 닦은 감각 덕에 주변을 둘러싼 전체 요소를 눈 깜짝할 사이에 훑고 흐름을 파악하는 것이다.

물개는 자신이 물속에서 수영한다는 사실을 골똘히 생각하지 않는다. 주변과 완벽히 조화를 이루며 그저 헤엄칠 뿐이다. 물개는 모든 면에서 현재 상황을 편안하게 받아들인다. 몸마음챙김을 실천하는 서퍼 역시 자연의 전경을 판단할 때 특별한 기술이나 도구로 사실 여부를 따질 필요는 없다. 미학적 안목을 가지면 그만이다. 단순한 곁눈질로도 주변을 충분히 파악하려면 블래더랙의 영혼이 깃든 감정사 혹은 노련한 뱃사람의 시선이 필요하다. 자연에서 분리되어 안을 들여다보는 것이 아니라 그 일부가 되어 둘러봐야 한다. 물개처럼 편안하게 주변을 받아들여야 한다.

그러니 웨트슈트를 입고 파도에 들어갈 때 날씨라는 배경을 잠시 뒤로하고 파도와 하나가 되어라. 파도를 받아들이고 동시에 파도 안으로 들어가 몸마음챙김에 몰두하라. 그렇게 주의력을 길러내야 한다. 우리는 우리만의 물개 가죽을 입고 은빛 바닷물 속으로 편안히 들어가 '지금'을 항해한다.

노즈 라이딩 기술

고전적인 명상 기법은 한 가지에 주의를 기울여 그것을 깊이 이해한다. 롱보드 서핑에서는 노즈 라이딩이 더할 나위 없이 달콤한 몰입 대상 중 하나다. 2미터 넘는 보드 끝에 무게를 전혀 느끼지 못한 채 서있으면 서퍼는 마치 중력을 거스른 느낌을 받는다. 하지만 이 기술은 중력이 있기에 가능하다. 물의 중량이 뒤쪽으로 몰릴 때 서퍼가 보드 앞을 밟으면 균형이 잡히면서 보드가 시소처럼 기우는데, 이 상태라야 미끄러지듯 파도 위를 활보할 수 있다.

노즈 라이딩은 한 발, 한 발 내디디며 노즈까지 다가서는 도보 여행이다. 그렇게 발가락 다섯 개를 보드 끝에 걸치거나(행파이브), 나머지 발가락까지 합해 열 개를 보드 끝에 걸치면(행텐) 등은 부드러운 곡선 형태가 된다. 이 상태에서 롱보드 세계의 문을 열고 들어갈 수 있다.

그에 비해 노즈에서 조금 뒤로 물러나 한쪽 발만 앞으로 뻗는 '스트레치 파이브' 동작은 무겁고 어렵게 느껴질 수 있다. 이 차이는 단순하다. 노즈 라이딩은 힘을 들이지 않아도 사뿐히 소화할 수 있지만, 스트레치 파이브는 노력 없이는 불가능하기 때문이다.

노즈 라이딩은 철저한 주의 능력과 역설적 주의 능력이 둘 다 필요하다. 철저한 주의는 사소한 부분까지 깊이 있게 살피며 주변을 알아채는 능력이다. 모든 것이 명료해지는 지점까지 이 주의력 범위를 조금씩 좁혀가며 집중을 거듭해야 한다. 이는 올더스 헉슬리의 《아일랜드》에 등장하는 새의 존재를 떠올리게 한다. 태평양의 한 섬에는 유토피아를 꿈꾸는 불교 공동체가 살고 있고, 훈련을 받은 마이나 새(Mynah bird, 말하는 새-옮긴이)도 있다. 이 새는 사람들이 주의를 기울이지 않거나 순간을 잊었을 때 "집중!"이라고 외친다. 마이나 새가 사람들을 감시하는 이 철저한 주의력은 주변을 흘끗 둘러보기보다 예리하게 응시하는 시선에 더 가깝다.

이와 마찬가지로 보드 끝으로 발을 한두 발짝 떼는 일은 명료한 심적 균형을 이뤄야 한다. 그 균형점 영역 바깥을 생각하면 보드가 흔들리거나 가라앉으면서 걸음이 꼬인다. 그렇다고 달걀껍데기를 밟듯 슬금슬금 걸으라는 게 아니다. 이 움직임에는 담백하면서도 묵직하게 나아가는 세심한 주의력이 필요하다.

철저한 주의만큼 중요한 게 역설적 주의 능력이다. 이는 전체 그림을 한눈에 담도록 도와준다. 철저한 주의가 형태 전체를 바라보는 일이라면 역설적 주의는 그 배경을 받아들인다. 이 두 가지 주의 능력은 함께 파도의 움직임과 씻겨 내려가는 물, 레일 양쪽을 휘감는 물살, 서퍼의 움직임과 의지, 근육의 강도 등을 파악한다. 그리고 보드의 테일이 어떻게 파도 면에 잠기는지, 보드 앞쪽이 언제 앞쪽으로 살짝 올라가는지 등을 이해해 가장 이상적인 무게중심을 찾는다.

영광의 순간

마음챙김 노즈 라이딩은 연습이 필요하기도 하고, 동시에 그렇지 않기도 하다. 물론 연습으로 생기는 철저한 주의가 노즈 라이딩에 효과적이라는 데는 딱히 의문이 없다. 다만 역설적 주의가 같이 발현

되지 않아 손실이 따를 때는 있다. 다행히 서퍼가 '연습'이라는 가속 장치에서 발을 뗄 때 진정한 노즈 라이딩 순간이 찾아온다. 이 과정은 단순한 행운이 아니라 엄청난 영광의 순간이다. 서퍼는 이 순간을 붙잡아야 한다.

마음챙김은 서핑을 하는 전 과정 동안 전방위로 발생한다. 가령 서퍼는 발동작이 잘못되었을 때 그 사실을 알아차리는데, 이것 자체도 마음챙김이 가져온 결과다. 마음챙김은 모든 과정을 왜곡하지 않고 있는 그대로 인식한다.

노즈 라이딩은 끝없이 분위기를 바꾸며 현존하는 바다에 반드시 흔적을 남긴다. 하지만 그저 지나가는 순간일 뿐이기에 이 기술이 누구 한 사람의 능력이라 주장할 수는 없다. 노즈 라이딩에 성공한 것은 '나'가 아니며, 나는 이 기술을 소유할 수 없는 것이다. 그러니 사실상 노즈 라이딩이 서핑에서 가장 중요한 한 가지라고 생각해 붙들 필요가 없다. 성공했다고 자랑하는 것도 무의미하다. 행복은 그런 방식으로 찾을 수 있는 게 아니다. 마음챙김 노즈 라이딩의 중심에는 불교가 말하는 세 가지 존재적 특징(팔리어로 '아니카', '두카', '아나타'라고 하며, 각각 '덧없음', '괴로움', '무아無我'를 의미한다)이 있다. 풀어서 정리하면 순간에 존재하기, 순간이 흐르도록 놔두기, 의식적인 생각에 방해받지 않고 다음 순간을 맞이하기다.

노즈 라이딩을 익히면 철저한 주의와 역설적 주의를 통합하는 방법도 같이 익힐 수 있는데, 바로 이 통합의 순간에 집중하자. 이때 서퍼의 경험은 눈앞에 펼쳐지는 일련의 순간에 녹아들어 함께 흘러간다. 투박하던 발동작이 보드 위를 사뿐히 걷는 수준이 되고, 균형감과 발놀림도 좋아진다. 노즈 라이딩은 이렇게 의식하지 않던 순간에 성공할 수 있다. '아니카', '두카', '아나타'를 의식적인 삶 안에서 통합하듯이, 보드 위에서 크로스 스텝을 밟는 일이 노즈 라이딩 못지않게 중요하다는 사실을 받아들여야 한다. 의식이 무의식으로 바뀌는 그 순간, 노력은 필요 없어지고 마음챙김으로 가는 문이 열리며 침묵이 찾아온다. 부처가 있다면 아마 이곳에서 행텐에 성공할 것이다.

튜브 라이딩 기술

튜브 라이딩은 백 가지 예화를 들어 이야기할 수 있으며, 서퍼의 생각을 성장시키는 중요한 경험이다. 앞서 노즈 라이딩을 '아니카', '두카', '아나타'에 빗대었는데, 튜브 라이딩은 주로 '삼스카라'로 설명된다. 예를 들어 누군가가 갑작스러운 어떤 순간을 마주했다고 하자. 그는 모든 게 빠르게 전개되는 인상을 강하게 받을 수 있고, 이 일련의 과정이 뇌리에 박히면 반복적으로 그 순간을 떠올리며 이야기할 수 있다. 튜브 라이딩은 '창조 과정'이라 일컫는 이 '삼스카라' 순간으로 서퍼를 인도한다.

삼스카라는 자연이 우리를 씻어주는 과정이다. 이는 마음챙김으로 얻을 수 있는 순수한 순간이기도 하다. 가장 우아하고 기하학적인 자연 형태가 우리를 순간에 순응하도록 만들며, 서퍼의 몸과 마음에 잊을 수 없는 표식을 남긴다. 누군가에게는 그저 빠르게 흘러가는 즐거운 순간일 수도 있지만, 서퍼에게는 절대 잊히지 않는 기억이다. 바닷물에 휩싸였다가 다시 벗어나는 경험은 바다와 광범위하게 엮인 유일한 순간이기 때문이다.

형태 바꾸기

파도의 터널 같은 공간을 의미하는 튜브는 장비와 상관없이 모든 서퍼에게 열려있다. 면도날처럼 날카로운 암초 위, 얕은 물에서 부서지는 육중한 튜브는 간혹 서퍼에게 문신 같은 상처를 남긴다. 좀 더 가벼운 형태의 튜브는 바람을 받아 만들어지는데, 주로 자갈 바닥 위 포인트 브레이크(서핑 브레이크 중 파도가 곶처럼 돌출된 지형을 지나 부서지는 곳-옮긴이)나 모래 위 비치 브레이크에 생긴다.

튜브의 핵심은 형태(Shaping)이며, 서핑의 중심은 보드 셰이핑이다. 보드 형태는 셰이퍼가 결정하고, 우아한 서핑은 전적으로 서퍼가 파도의 윤곽에 얼마나 잘 적응하느냐에 달렸다. 튜브 라이딩에서 형태를 잡는다는 건 떨어지는 파도 자락 바로 뒤에서도 파도를 잘 잡아탈 수 있도록 몸과 보드를 단련하는 과정이다.

모르는 사람 눈에는 서퍼가 튜브 안에서 아무것도 안 하는 것처럼 보일 수 있다. 하지만 이렇게 단순히 '아무것도 안 하기'가 바로 이 기술의 목적이다. 보기와 다르게 엄청난 연습과 준비, 타이밍, 경험, 지식이 모여서 나오는 결과다. 이 아무것도 안 하는 상태에서 서퍼의 육체와 정신은 파도와 하나가 되고, 의식적으로 긴장을 푼다. 한편으로는 튜브라는 허공 속에서 마음을 비울 때 가장 위험하다. 바다 밑에 독성을 가진 불산호가 있을지도 모른다.

튜브는 묵직한 양陽과 섬세한 음陰이 만나는 공간이다. 튜브 공간 속 파도는 높이 솟아오른 곳에서 움푹 들어간 곳까지 구석구석 회전한다. 그리고 이 공간에 예상치 못한 기회, 바로 도교의 무위無爲('행동하지 않음', '하지 않음')가 있다.

도교가 가르치는 핵심 주제 중 하나는, 조건과 시기가 맞을 때까지 행동하지 않는 것이다. 튜브 라이딩도 마찬가지다. 적기에 행동하고 과도하게 움직이지 않는 것이 중요하다. 도교에서는 시기가 적절하지 않다면 어차피 아무 일도 일어나지 않는다고 생각한다. 그래서 무위의 상태에 이르기까지 보편적인 흐름을 놓치지 말아야 한다는 것이다. 적기에 도달했다는 게 확실해지면 그제야 '아무것도 하지 않는' 행동을 시작한다.

행동하기와 행동하지 않기라는 개념은 원하는 결과를 얻기 위해 애써 의지를 불태우는 대신 좋은 결과를 기대하는 마음만 기꺼이 유지하는 것이다. 즉, 기대는 하되 구체적인 최종 결과를 고집하지는 않는다. 개인적인 관심사나 자아의 영향이 아니라 내적 동기와 행동 조건에 따라 결과는 달라질 것이다. 여기서 말한 행동 조건은 두 가지 단계로 나뉜다. 우선 직접 행동으로 옮겨보자. 서퍼를 덮치려는 파도를 잘 피해 다른 파도를 잡은 뒤 튜브를 통과하는 게 먼저다. 튜브를 무사히 빠져나오려면 '행동하지 않는 과정'이 꼭 필요하다. 튜브 공간에서 내부 저항을 받아서도 안 된다. 이어서 눈을 크게 뜨고 자세를 낮춰 출구를 찾아라. 그 목적지를 향해 나아가며 파도가 요구할 때만 반응하라. 이때 과잉 반응하기보다 자세를 더 낮춰 '하지 않음'에 집중해 무위를 이루길 바란다.

나만의 중심 찾기

튜브 형태의 파도를 많이 연습한 사람이 성공적인 튜브 라이딩 기술을 익힐 수 있다. 하지만 기술만으로 튜브를 탈 수는 없다. 튜브 라이딩 기술을 제대로 소화하려면 아우성치는 '나'를 극복해야 한다. 그리고 내면의 평화, 텅 빈 중심을 찾아야 한다. 행동하되 행동하지 않는 도교 원칙과 튜브 라이딩은 서퍼에게 한 가지를 요구한다. 바로 통제력을 포기하는 것이다. 이는 앞으로 일어날 일에 대해 자신이 무지하다는 사실을 받아들이라는 의미다. '무위'의 원칙을 진정으로 구현하는 튜브 라이딩은 영혼을 다듬는 과정이다.

자아는 완전히 텅 빈 상태에 존재할 때, 그리고 그 상태에서 무언가를 아무런 동기 없이 무계획으로 실현할 때 사라진다. 내면에서 꿈틀대는 우주의 흐름과 관계를 맺어라. 그렇게 빠르게 흘러가는 튜브 공간을 활짝 웃으며 빠져나와 튜브 라이딩을 완성하자.

물의 호흡

서핑을 배울 때 겪는 가장 흔한 문제가 뭘까? 부드럽고 규칙적으로 숨을 들이마시고 내쉬어야 하는데, 순간 공포감으로 호흡이 흐트러지는 것이다. 이런 현상은 와이프아웃이 될까봐 걱정하는 마음 때문에 일어난다. 호흡을 잘 따라가고 그 순간에 몰입하고 싶을 때 사람들은 명상과 마음챙김의 기본 기술에 집중한다. 그런데 방석에 앉아 있을 때는 잘 되던 명상도 보드 위에서는 그렇지 않다. 보드 위에 서보려고 애쓰느라 정신이 나갈 지경인데, 어떻게 호흡을 따라가고 마음챙김을 한단 말인가.

마음챙김 서핑은 자신 안에 있는 게 아니라 주변 세상과의 관계 속에 있다. 이 관점을 바탕으로 초보자에게 조언하자면, 우선 자신의 호흡을 따라가는 건 잠시 접어두고 파도의 호흡을 따르자. 말이

쉽다고 반문할 수도 있지만, 파도의 호흡을 따를 때 찾아오는 해방감이 있다. 파도의 호흡에서 들숨은 솟아오르는 청록색 파도 면이다. 날숨은 세차게 부서지는 거품 파도다. 파도가 부서지지 않는다면 부푼 허파처럼 공기를 머금고 있는 것이며, 물결이 부서지면 파도가 숨을 툭 내뱉듯이 공기를 뿜어내는 중인 셈이다. 작은 파도의 호흡은 한숨 같고, 거대한 파도의 호흡은 강렬한 포효 같다.

파도가 부서지기 전에 피크(파도가 부서지기 시작하는 정상 부분-옮긴이)를 쫓아가면 단 몇 초라도 파도에서 가장 빠르고 아슬아슬한 지점인 컬을 만나게 된다. 서퍼는 그 부분을 제대로 경험하게 될 것이다. 이 부근은 파도가 거대한 거품을 쏟아내기 전, 부푼 허파 같은 상태다. 그래서 파도 속 엔진의 강한 추진력을 느낄 수 있기도 하다. 이때 바다는 자신의 호흡 안에서 함께 표현하고 흘러가자고 서퍼를 불러들인다.

흐름 찾기

스타일이 멋진 서퍼들은 서핑할 때 흐름도 유려하다. 망설임이나 주춤거림이 전혀 없고 어떤 순간에도 넘어지지 않을 듯 굳건해 보인다. 이들은 연속 궤도를 뱅뱅 도는 파도의 호흡 즉, 파도의 들숨과 날숨을 쫓는다. 이처럼 서퍼의 움직임과 스타일은 밀접한 관련이 있다. 이 흐름에서 서퍼는 자기 내면을 바라보는 대신 파도의 신호에 온전히 주의를 기울여야 한다. 그래야 파도가 장애물을 보낼 때 이 과정을 파도타기로 연결할 수 있다. 한 예로 파도 면이 갑자기 돌출해 물을 보내면 서퍼는 이 굴곡을 활용해 속도를 높인다. 파도 면을 마치 스케이트보드의 경사로처럼 여기는 것이다. 섹션이 무너질 때도 기회를 잡을 수 있는데, 이때는 레일이 뒤집히도록 그대로 둬 넘어지기보다 그 위로 올라가 속도를 높이면 된다.

자신의 영웅담이 아닌 파도가 던져주는 어떤 단서로 주의를 옮기려면 무엇보다 협업 능력이 중요하다. 서핑 기술에 통달하기보다 어떤 기술을 내게 맞는 방식으로 받아들이는 게 필요하다는 의미다. 그러기 위해 가장 먼저 자신이 상황을 통제할 주체라는 인식, 말하자면 영웅적 개인주의를 벗어나야 한다. 이와 함께 서프보드와 파도의 흐름, 다른 이들이 물속에서 내 흐름을 도와주는지 방해하는지 등을 알아차리는 힘을 길러야 한다. 이 과정으로 서퍼는 협업 능력을 얻게 된다. 서핑에서 푸른 마음챙김 활동이 정점에 이르면 의식이 확장된다. 개인의식이라는 '새장'을 벗어나 끝없이 변화하는 보드 디자인, 파도 형태, 군중 행동 등에 집중할 수 있다.

자신이 능력의 주체라는 내면의 인지를 확장된 인지(Extended Cognition)로 바꿔보기 바란다. 그러면 '연습, 연습, 연습'만을 강조하는 그 유명한 1만 시간 법칙보다 더 빠르게 실력이 는다. 이런 역설적인 결과는 주변 세계가 나 대신 기술을 연마하기에 일어난다. 개인은 그 기술 일부가 돼 변화하는 과정을 유심히 살피면 그만이다. 그러니 파도의 일은 파도에게 맡기자. 내 머리 위로 파도가 휘말릴 때는 대기실에 자리를 잡고 앉아 지나가는 풍경을 감상하면 된다.

서핑의 능력이 기술 연마가 아닌 적응과 협동에 있다는 쪽으로 의식이 전환되면 자아가 책임감에 눌리는 부담도 사라진다. 그렇다고 책임감을 완전히 버릴 필요는 없다. 개인적인 통제나 집중, 주의 능력은 서핑에서 꼭 필요한 부분이지만, 환경에 의해 절로 받기도 한다. 책임을 포기하거나 부정하는 게 아니라 유연하게 대처하는 힘을 기르자는 것이다. 이 마음이 진정한 내려놓기다.

부처의 가르침처럼 마음챙김에서 가장 중요한 건 '책임 떠안기'가 아닌 '내려놓기'다. 다른 사람을 먼저 생각하는 것 또한 진정한 마음챙김이 아니다. 그러니 파도에 맞추기 위해 파도의 입장을 헤아릴 필요는 없다. 군중을 이기려 하지도 말고 자신의 한계를 보드 디자인으로 해결할 생각도 내려놓자. 그저 보드와 파도, 그리고 사람들을 포용하라. 파도가 지나간 궤도와 특성을 살피고 함께하면 된다. 능력의 주체도 바뀌어야 한다. 자신에게서 확장해 넓은 세상으로 옮겨가라. 방법은 간단하다. 마음챙김 수행자인 파도가 "호흡하십시오"라고 말할 때 공기가 어디에서 오는지 기억하는 것이다. 그 흐름을 따르라. 파도를 바라보고, 함께하라.

자연이 주는
영감

몇 달 전 동아프리카로 서핑 여행을 떠난 적이 있다. 그때 먼바다에 앉아있다가 뱀상어 지느러미가 물 위로 올라오는 모습을 봤다. 피가 거꾸로 솟는 것 같았다. 나를 뚫어질 듯 바라보는 뱀상어의 눈빛을 마주하자 온몸의 신경이 곤두섰다. 상어와 눈빛을 교환하지 않았다면 이미 상어의 공격으로 죽을 고비를 오가고 있을 거라 생각하니 충격에 휩싸인 것이다. 어쩌면 상어는 단순한 호기심으로 다가왔을 수도 있다. 신경은 타들어 가고 내장은 끓어지는 것 같았지만, 한편으로는 두려움이 물러가면서 안도감이 채워졌다. 3.6미터에 이르는 육식 동물은 이미 수면 아래로 사라졌고, 물살을 따라 우아하게 멀어졌기 때문이다. 심장은 여전히 쿵쾅거렸지만 나는 기이할 정도로 침착했다.

동물에게 다가가기

전 세계 서퍼들은 누구든 바다 생물을 가까이에서 만난 경험이 있다. 이런 강렬한 경험은 우리가 서핑할 때, 특히 새로운 곳을 처음 방문할 때 온 감각을 활짝 열어둬야 한다는 진리를 알려준다. 불쑥 다가오는 바다 포유류와 헤엄치는 물고기, 급강하하는 바닷새, 호기심 많은 물개, 펼쳐지는 파도를 살필 때 우리는 주인이 아니라 초대받은 손님처럼 굴어야 한다. 동물이 다가오는 모습은 주인이 손님을 맞으러 오는 행동 또는 친근함의 표시라 생각하자. 샤머니즘(고대부터 현대까지 전 세계의 문화에서 발견되는 영적 관습) 세계에서는 '익숙하면 무례해진다'는 격언과 다르게 '익숙함은 존중을 부른다'라고 말한다.

상어나 물개 또는 고래를 가까이에서 마주치면 누구라도 감각이 곤두설 것이다. 이런 순간에는 몸과 마음을 관통하는 장내 신경계가 마음챙김 의식의 주체가 된다. 이때 머리는 생각을 멈춰야만 한다. 그리고 그 순간에 영감을 얻는 것이 생체 모방(Biomimicry)의 핵심이다.

흉내와 모방

생체 모방 기술은 마음챙김의 한 형태로, 보통 생물 개체의 모양과 움직임에서 영감을 얻는다. 즉, 자연을 명상한 뒤 자연의 법칙을 그대로 따르는 아름다운 인공물을 만들어낸다. 서퍼들은 오래 전부터 바다 생물에게 영감을 얻곤 했다. 여기에 생체 모방 기술을 접목해 다양한 서핑 장비를 개발해왔다. 돌고래의 등지느러미를 모방한 서프보드 핀, 물개 가죽과 비슷한 웨트슈트 등이 이에 해당한다.

생체 모방은 자연환경을 가까이에서 연구하는 과정부터 시작이다. 바다 생물을 바라보는 일은 디자인 이상의 가르침을 준다. 바다거북이 훌륭한 본보기다. 존재 역사가 1억 년이 넘는 바다거북은 엄청난 거리를 헤엄쳐 이동하는 대단한 여행꾼이다. 그중 초록바다거북은 산소를 오래 보유하기 위해 9분에 1회 수준으로 심박수를 낮춰 호흡한다. 이렇게 하면 다섯 시간 동안 물속에 머물 수 있다. 여기에 마음챙김의 교훈이 있다. 바다거북처럼 느리게 호흡하는 과정을 상상해보자. 더 나아가 느리게 변화하는 화석의 사고 과정을 상상하자. 어쩌면 이 속도는 정신없이 바쁜 현대인들이 상상조차 할 수 없는 수준일지도 모른다.

우리는 바다 생물을 통해 환경에 적응하는 놀라운 능력도 배울 수 있다. 인간들은 종종 해류와 바람에 맞서 직진하고자 기계의 동력을 빌린다. 하지만 이는 정말 비효율적인 방법이다. 마음챙김은 주어진 흐름을 따르는 일인데, 바다거북만 해도 해류를 따라 둥둥 떠다니며 이동한다. 노자는 '남을 이기는 자는 힘이 있고 자기를 이기는 자는 참으로 강하다'라고 했다. 하지만 우리는 이제 이렇게도 말할 수 있다. '자신을 이기는 것은 좋다. 그러나 타인과 환경에 적응하고 협력하면 나와 타인, 인류와 자연 사이에 놓인 장벽을 뛰어넘어 서로의 힘을 공유할 수 있다.' 생체 모방 기술은 이런 협력을 실천에 옮기는 일이다.

지구를 위한 마음챙김

바다거북은 해초를 먹는 몇 안 되는 동물이다. 해안 개발이나 기후 변화로 해초밭이 급격히 줄어들면 바다거북 수도 줄어든다. 해안가 모래 언덕에서 자라는 식물은 바다거북에게 영양을 공급받는다. 그리고 식물은 해안가 모래 언덕에 튼튼히 뿌리 내려 해안 침식을 막는다. 만약 해변이 침식돼 지표면이 깎이면 파도 상태가 나빠질 것이다. 모래가 골고루 깔리지 않으면 밀고 들어오는 파도의 힘은 분산될 수 없다. 결과적으로 전 세계 서퍼들이 사랑하는, 해안가에 부딪혀 한쪽부터 부드럽게 부서지는 그 파도를 만날 수 없게 된다.

우리는 더 좋은 보드를 디자인하기 위해 바다 생물을 관찰하기 시작했다. 그러다 시간을 초월한 진실에 이르렀다. 모든 살아있는 존재는 서로 연결돼있고, 서로 의지한다는 사실이다. 또 모든 생명은 물과 물속 생명체와 닿아있다. 바다 생물을 공부하고 생태계가 마주한 문제들을 알면 알수록 사람들은 지구의 건강을 지키려 할 것이다. 그렇게 지구를 대신해 바다를 돌보면서 마음챙김을 실천할 것이다.

자만과 겸손

서핑은 영혼을 북돋우고 깨끗이 한다. 하지만 우리를 일으키는 이 '위대한 마음'이 어떨 때는 서퍼를 넘어뜨리고 오히려 상처 입힌다. 서핑이 주는 행복감은 비교적 확실해서 이 맛을 본 사람들은 계속해서 서핑을 시도한다. 큰 행복감은 결국 '깊이'에서 온다. 즉, 한 번의 사건이 깊은 경험으로 이어질 때 행복이 찾아온다. 마음챙김은 생태적 일체감을 느끼는 과정이며, 지나가는 가벼운 사건을 오래 남는 경험으로 바꾸는 활동이다.

이 깊이 있는 행복감은 자아가 우선인 자만심과는 차이가 있다. 자랑하기 좋아하고 남들 시선은 아랑곳하지 않은 채 장비를 뽐내며 걷는 서퍼들, 초보자를 배려하지 않는 서퍼들은 고대 그리스인이 말했듯 불손함이나 과도한 자신감 때문에 언젠가 고통받을 수 있다.

이카로스는 태양에 너무 가까이 다가갔다가 추락했다. 다른 이들이 다 자기보다 못하다고 생각하는 사람들에게 준비된 건 '와이프아웃'이라는 벌일지도 모른다.

서핑에 재능있는 사람이라면 그 재능을 뽐내기보다 남들을 지도할 필요가 있다. 실제로 많은 이가 훌륭한 멘토나 롤 모델 역할을 한다. 인생과 마찬가지로 서핑도 다른 것들을 포용하는 마음챙김 접근이 필요하다. 서퍼에게 자신의 능력에 맞게 서핑하도록 권하는 것부터가 시작이다. 모든 서퍼가 단계마다 이상적인 상태에 이를 필요도, 그것을 강요할 이유도 없다.

그런데도 허세를 부리는 서퍼는 계속 나타난다. 하지만 태양이 이카로스의 날개를 고정하는 밀랍을 녹였듯 바다가 이들에게 진정한 현실을 알려줄 것이다. 바다는 모든 서퍼에게 평등하게 다가오면서 동시에 서퍼만의 독특한 열정을 받아준다. 즉, 바다는 파도타기가 주는 선물과 상처를 기꺼이 수용하는 서퍼를 위로한다.

문 앞까지 다가온 무거운 벌

바다가 서퍼에게 상처를 입히는 건 자연의 악의나 앙심 때문이 아니다. 바다의 속도나 힘이 갑자기 바뀌었을 뿐이다. 연골이나 힘줄 또는 인대가 찢어졌을 때, 근육이 결린 상태로 물 밖으로 나왔을 때 서퍼는 좌절한다. 하지만 그 덕에 오만에 대해 생각할 시간을 얻는다.

사람들의 시선을 끌고 싶은 서핑 거장의 오만함보다 더 질이 나쁜 오만이 있다. 지금껏 사람들이 바다의 몸체에 가한 상처는 집단적 오만이 가져온 결과다. 해양 오염 특히, 분해되지 않는 플라스틱이 가져온 오염은 이미 대재앙 수준이다. 사람들은 오랫동안 문제없을 거라는 안이한 생각에 온갖 쓰레기와 하수를 해안가에 버려왔다. 그 결과 우리는 모두 고통받고 있다. 이제 빠른 실천이 필요한 시기다.

인류 집단의 마음챙김 상태는 분명 큰 위기에 놓여있다. 명상과 같은 전통적인 방식의 마음챙김이 오직 개인적 유익함만을 위해 존재한다 생각하면 명상은 그저 즐거운 활동에 지나지 않을 것이다. 하지만 자신 너머의 삶과 진지하게 관계를 맺고 그 본질을 받아들이고 싶다면 서핑의 마음챙김에서 빠지지 말아야 할 게 있다. 생태 감수성을 갖고 환경에 협력하려는 마음으로 활동하는 것이다. 이는 해도 그만, 안 해도 그만인 부가 활동이 아니라 마음챙김을 수행하는 과정에서 자연스럽게 따라오는 결과다.

세상이 베푸는 선물

진지하게 서핑하는 사람들은 모두 바다가 이끄는 대로 환경 운동가가 된다. 그들에게는 둘러앉아 사색할 여유가 없다. 집단행동에 돌입해야 하기 때문이다. 불교 삼학三學은 깨달음을 얻으려면 도덕과 묵상, 지혜를 점차 길러내야 한다고 말한다. 다시 말해 윤리적 행동과 집중, 통찰을 연결해 일상적인 활동으로 구현해야 한다는 것이다. 이는 다시 부처(佛)를 스승으로 받아들이는 것, 스승의 가르침에 깃든 법(Dharma), 이를 지지하는 교단(Sangha)을 통합하는 삼보三寶로 연결된다.

생태적 깨달음을 얻었을 때 서퍼는 자신의 영혼을 깨워 단호하게 행동할 수 있다. 그럴 때 우리는 '바다'라는 스승을 부처로 여기게 된다. 내면이 아닌 바다가 전하는 푸른 마음챙김을 법으로 바라보고, 서핑 인구뿐 아니라 바다에 함께 모인 모두를 하나의 교단으로 여길 수 있다.

세상은 인간의 오만함에 대한 시급한 대책이 필요하다고 말한다. 땅을 대지의 여신 가이아라 부르듯, 세계는 살아있는 유기체이며 인간은 그 일부에 속한다. 그러나 우리는 어리석음 때문에 세상과 멀어졌다. 이제 겸손함에 바탕을 둔 새로운 생활 방식을 마련해야 한다. 서핑 산업은 수년 동안 지구를 더럽혀왔다. 석유 화학 제품으로 만든 서프보드와 웨트슈트가 그 주범이다. 하지만 이제는 눈을 뜨고 변화를 추구하며 지속 가능한 재료를 찾고 있다. 이 노력은 지금보다 더 속도를 내야 한다. 소위 말하는 선진국(신자유주의와 자본주의 방식을 열망하고 이익을 취하는 국가)이 우리가 사는 지구를 파괴한다는 사실을 깨닫기까지 너무 많은 세대가 지나갔다. 다음 몇 세대가 거듭되는 동안 우리는 머리를 맞대고 이 빚을 갚아나가지 않으면 안 된다. 오늘날 만연한 자아론은 이제 미래 지향적 생태학으로 자리를 옮겨가야 한다.

소리 치유

돌고래 무리가 주변에서 놀고 있다면 물속에 머리를 넣어보자. 돌고래들이 끽끽거리며 대화하는 소리가 신비로운 오케스트라 연주처럼 들릴 것이다. 어쩌면 이 돌고래 무리는 서로 어울리며 농담을 던지고 바닷물을 주제로 노래를 부르고 있는 건지도 모른다. 이 끽끽거리는 소리는 둔탁하기보다 밝고 낭랑한 음악 소리 같다.

서핑이 소리와 결합하면 바다가 주는 마음챙김 경험은 새로운 차원이 된다. 자연은 풍부한 소리 풍경을 보여준다. 파도가 빨려가고 부딪치고 흩어지는 소리, 바람이 휘몰아치고 울부짖는 소리, 후드득하고 바다 표면을 두드리는 빗방울 소리, 먼 천둥소리, 새들이 깍깍 우는 소리, 부비새가 해수면을 뚫고 들어오려는 다이빙 소리까지.

서핑은 여기에 또 다른 소리를 더한다. 바텀 턴은 파도 위로 물보

라를 뿌리며 미끄러지는 소리를 내고, 큰 튜브 안으로 들어가면 립이 무너지며 동굴 속처럼 메아리가 울린다. 서퍼가 와이프아웃으로 쓰러질 때는 해수면에 강하게 부딪히는 소리가 난다. 이런 순간에 파도타기가 주는 달콤한 깨달음이 있다. 자연이 연 콘서트 맨 앞줄에 앉아 감상하는 이가 서퍼라는 것, 그리고 우리 서퍼들도 다 오케스트라의 일원이라는 사실 같은 것 말이다.

서퍼는 드럼 연주자에 비유할 수 있다. 우리는 드러머처럼 파도에 박자를 맞춘다. 기본 박자보다 조금 빠르거나 조금 느리게 드럼을 치면 음악에 탄력을 주는 당김음을 낼 수 있다. 이 탄력을 목표로 하자. 발아래 수면이 매끈하고 바람이 파도 립 부분을 부술 때 그대로 쭉 미끄러진다. 핀이 날카로운 소리를 내며 튀어 오를 수 있도록 방향을 세게 틀어 컷백한 뒤 파도가 한꺼번에 무너질 때 다시 턴한다. 보드가 둥근 호를 그리도록 킥아웃으로 회전했다가 공중에서 보드를 잡아타고 우아하게 착지하기도 한다. 다시 패들링해 나아가는 동안 시선은 이미 멀리서 다가오는 다음 세트를 향해있다. 그렇게 파도를 예측하고 파악한다. 파도의 노래는 순수하고도 즐겁다. 서퍼 발밑을 지나는 파동은 조금 더 큰 박자인데, 모였다가 사라지고, 일어섰다가 무너지기를 반복한다. 그리고 다시 처음으로 되돌아가 순환한다.

바다의 콘서트

서퍼들은 바다가 들려주는 음악뿐 아니라 실제로 방수 헤드폰을 쓰고 음반을 들으며 서핑하기도 한다. 이 방법을 제안하면 놀라는 사람들도 있다. 하지만 서핑과 음악을 결합하면 파도타기가 놀랍도록 즐거워지고 남의 시선도 잊게 된다. 음악은 서핑에 활기, 속도, 각도를 더하고, 놀라움도 가져다준다. 그뿐만이 아니다. 풍부함과 열광, 소울 충만함, 강렬함, 잔잔함, 우아함, 부드러움, 시원함, 서정성 등의 느낌도 더해진다. 서핑에 음악 처방이 깃든 결과다.

롱보드를 탈 때는 재즈 음악을 들어보자. 음악이 시작될 때 서퍼는 음악도 듣고 주변도 보면서 균형을 찾으려 한다. 이때 소리가 섞인다. 물결의 움직임, 부서지는 파도, 립이 북 치듯 물을 때리는 과정이 눈에 들어올 때 헤드폰에서는 관악기와 피아노가 연주를 시작한다. 이때 서퍼는 세트를 향해 패들링한다. 하지만 이번에는 파도에 만 대응하지 않고 귓가에 울리는 음악에도 몸과 마음을 맞춘다. 그렇게 바텀 턴으로 호를 그리면서 스톨(테일을 밟아 속도를 늦추는 기술-옮긴이)한 뒤 크로스 스텝을 밟고 행텐이나 행파이브를 시도한다. 서퍼의 발걸음은 음악 소리에 따라 달라질 것이다. 트리밍(파도를 계속 타기 위해 보드의 위치와 방향을 미세하게 조정하는 과정-옮긴이)을 위해 보드를 무겁게 하거나 가볍게 할 때도 어딘가 다른 기분을 느낀다. 때로는 당김음에 박자가 어긋나듯 발이 꼬여서 리듬이 무너지기도 한다. 이때는 똑바로 가면서 움직임을 줄여보라. 드럼 브러시 연주에 맞춰 서정적이고도 간결한 솔로 연주를 해보는 것이다. 빠른 발놀림과 밝은 음악으로 파도의 움직임에 맞춰갈 때 더 자주 균형점을 발견할 수 있다.

다양한 음악 장르로 이 실험을 계속하면서 다른 서퍼들과 경험을 나누는 건 어떨까? 이런 방식은 마음챙김 서핑과 결이 맞지 않는 걸까? 오히려 현대적인 방식으로 마음챙김의 문을 여는 전례가 될 수도 있지 않을까? 댄스나 발레가 음악에 맞춰 공연되듯이 서핑도 음악과 접목하는 과정이 가능하리라 본다. 영화 오에스티처럼 나중에 음악을 입히면 그 리듬에 맞는 생생한 기분이 달아오를지도 모른다.

블루 노트

물, 보드, 신체, 음악이 한데 모이면 독특한 형태의 푸른 마음챙김이 감각을 넓힌다. 가령 재즈 트럼펫 연주자의 나른한 선율이 춤과 어우러지면 강렬하면서도 뒤숭숭한 느낌이 든다. 재즈에서 반음을 내려 연주하는 블루 노트는 불완전을 의도한 음악이다. 음정을 틀리게 해서 살짝 비틀면 음계에 풍미가 생겨난다. 멍이 들 때 퍼지는 푸른색은 살을 살짝 꼬집거나 통증을 줘야 얻을 수 있다. 푸른 마음챙김도 마찬가지다. 바다 본연의 소리에 미리 녹음한 블루 노트를 입히는 과정이 꼭 필요하다.

꼭 블루 노트가 아니라도 자신에게 가장 아름다운 장르를 찾아보자. 아프로비트, 자이브, 리듬 앤드 블루스, 펑크록, 팝, 왈츠, 발랄한 스톰프에 이르기까지 어떤 음악이든 괜찮다.

서핑의 **단순함**

때로는 보드를 내던지고 헤엄치며 바디서핑을 즐기자. 이 과정으로 서퍼는 더 위대한 단순함을 발견할 수 있다. 카빙 턴도 노즈 라이딩도 없이 몸을 물에 담그고 한 방향으로 쭉 나아가자. 웨트슈트를 입고 있어도 파도 면으로 더 가까이 다가가면 테이크오프할 때 바닷속으로 끌어들어갈 듯한 중력을 느낀다. 보드에서 떨어질 때는 머리부터 발끝까지 곤두서며 긴장한다. 바디서핑은 피부와 피부가 닿는 '밀접한' 마음챙김이다. 피부가 지날 때 물 위에 새겨지는 표식은 보이지 않는 흔적을 남긴 채 순식간에 사라진다. 펼쳐졌던 파도 물결이 우리를 뒤덮을 때, 서퍼는 배럴 속 텅빈 공간으로 들어간다. 그 순간 주변 모든 소음이 사라진다. 해변에 도착해 잠에서 깨어나면 우리 기억에는 바다의 푸른 잉크가 새겨진다.

피부가 바닷물을 느낄 때 우리 몸은 공기를 가르며 도보할 때와는 다른 방식으로 바다에 집중한다. 우리는 바다 생물이 된다. 바다와의 매개체인 서프보드는 때때로 서퍼와 물을 분리하는 얇은 막이 된다. 그래서 인체가 물의 흐름에 완전히 몰입하지 못하도록, 이들이 하나 되지 못하도록 방해한다. 반면 바디서핑은 서퍼가 바닷속으로 미끄러져 들어갈 수 있게 도와준다. 그 안에서 바다 생물을 지지할 수도 있고, 쉼을 얻기도 한다. 이렇게 바다를 배척하지 않고 그 일부가 될 때, 마음챙김 순간이 찾아온다. 사색하는 몸은 바닷속에서 더 투명해진다. 떠오르는 달 아래서 튜브 라이딩을 마치고 나온 순간처럼 서퍼의 내면은 기쁨으로 타오른다.

파도타기 도구를 던져버리자는 이 외침에도 막상 서프보드를 버리고 영원히 바디서핑만 즐기고 싶다는 생각은 그다지 들지 않을 것이다. 그러나 다양한 서핑 기술과 접근법을 시도하는 일은 분명 의미가 있다. 지루한 반복과 틀에 박힌 방식을 벗어나기 위해 꼭 필요한 관점이다. 서프보드를 이용한 서핑과 보드 없이 타는 바디서핑 사이에 간소하고 우아한 다리를 놓고 싶다면 얇은 나무로 만든 벨리보드를 추천한다. 벨리보드는 파푸아 뉴기니의 팔랑가 지역부터 하와이의 알라이아, 일본의 이타코까지 전 세계 지역에서 자란 나무로 만든다. 그만큼 벨리보드에 얽힌 인류의 역사는 길고 풍부하다.

물의 언어 배우기

바디서핑은 바다의 어휘를 마음으로 배울 수 있게 도와준다. 이를 통해 얻은 깨달음은 더 다양한 서핑 세계에 적용할 수 있다. 특히 해류와 파동 에너지를 모아 깊은 바다로 보내는 이안류의 언어는 배워두면 쓸모가 있다. 이안류를 이용하면 거품 파도를 쉽게 뚫고 나갈 수 있다. 그러나 쓸모를 발견하는 것만큼 위험을 정확히 파악하는 것도 중요하다. 강한 이안류에 휩쓸리면 멀리 밀려날 수 있고, 수영하다가 이안류에 붙잡히면 힘이 빠져 매우 위험하다.

이런 물살에 대처하려면 마음챙김이 필요하다. 공포심을 차단하고 긴장을 풀어 몸의 에너지를 보존해야 한다. 방법은 간단하다. 몸을 해파리처럼 움직이며 순간에 집중하라. 그다음 천천히, 하지만 움직여야 하는 각도를 잘 생각해서 헤엄쳐라. 이안류는 대개 폭이

좁은 해수면에만 생긴다. 바다를 향해 뻗은 좁은 강물과 같아서 물 아래로 사람을 잡아끌지는 못한다. 마음챙김에 집중하면 서퍼는 얼마 가지 않아 이안류를 벗어나고 고요한 물에 다다를 것이다.

이안류가 주는 축복에는 양면성이 있다. 고속도로처럼 빠르게 달릴 수 있지만, 그만큼 사고가 잦다. 이안류와 소통하는 가장 좋은 방법은 몰입이다. 하지만 그전에 먼저 해변에서 이안류 지점을 찾고, 부서진 파도가 어떻게 이안류로 흘러드는지를 파악해 동선을 짜자. 어느 지점에서 90도로 방향을 틀어야 하는지를 생각하고, 이를 시각화한 심적 지도를 지녀야 한다. 가장 중요한 건 이미 마음챙김 상태를 경험한 숙련된 서퍼와 바디서퍼의 움직임을 잘 관찰하는 것이다. 이들이 우리가 가야 할 길을 안내할 것이다.

파도를 피부로 느끼기

고통은 보편적인 인류라면 누구나 겪는 감정이다. 가령 어린아이와 십 대 청소년은 밤에 느닷없이 다리가 아픈 '성장통'을 경험한다. 나이가 들수록 사람들은 고통과 점점 내밀한 관계로 살아간다. 이런 가운데 과연 사람들은 자기 내면에 현존하는 조류의 언어를 깨달을 수 있을까? 들쭉날쭉하고 혼란스러운 통증이 아우성치며 하소연할 때, 이 대화에 카루나Karuna 의식을 적용해 고통을 잠재울 수 있을까? 불교에서 카루나는 연민을 뜻한다. 우리는 통증과 고통 사이에 연민을 적용해 조금 다른 의미의 '바디서핑'을 활용할 수 있다. 고통을 무시하지 않은 채 몸 전체를 관통하는 파도를 상상하는 것이다. 발끝부터 시작해 몸의 다른 부위, 더 나아가 신체 내부까지 살피며 체온, 무게, 감각을 확인하자. 자신의 모든 경험을 받아들이고 포용하면 고요함과 휴식에 이어 잠이 찾아올 것이다.

앞에서 설명한 두 가지 방식의 바디서핑은 서퍼에게 단순함을 가져다준다. 그로 인해 우리는 경험과 직접 접촉하게 된다. 그리고 몸과 몸의 리듬을 더 세심히 느끼게 된다. 파도 위에서 우리 몸은 자연 전체와 맞닿는다. 연민을 품은 주의력은 우리를 카루나로 안내한다. 서퍼는 자신의 내면과 주의를 둘러싼 환경으로 시선을 돌릴 수 있고, 마침내 이들을 보살피는 행동을 선택한다.

서핑의 정신

전 세계 수많은 이들이 서핑을 즐긴다. 각기 다른 나이와 배경을 가진 사람들이 모여 파도타기 기술을 완성하려 애쓴다. 서퍼들은 암초나 곶, 모래사장을 낀 바다뿐 아니라 강어귀, 실내 파도 풀에서도 파도를 탄다. 서핑은 성평등과 그 밖의 사회정의 의식을 장려하는 데도 활용된다. 몸에 장애가 있는 사람들도 서프보드를 개조하면 충분히 서핑할 수 있다. 의학 중에서도 정신질환 분야에서는 흔히 볼 수 있는 치료법이 되었고, 외상 후 스트레스 장애 진단을 받은 경우에도 이 운동이 도움이 된다고 알려졌다. 또한 서핑 단체는 환경 운동 교육을 위한 가장 효과적인 단체로 손꼽힌다. 서퍼는 속이 텅 빈 파도를 쫓아다니지만, 서핑이 가지는 수많은 의미는 가능성으로 꽉 차 있다.

사람들이 생각하는 '서핑의 정신'은 의외로 간단하다. 부서지는 파도를 향한 순수한 열정 같은 감정일 것이다. 이는 다양한 장비나 서핑 기술만 있으면 누구나 느낄 수 있다. 특수 개발된 서프 의자에 앉아 친구들과 파도를 즐기는 뇌성마비 환자가 있는가 하면, 보드 위에서 매우 숙련된 자세로 파도를 타는 서퍼도 있다. 후자는 시간이 멈춘 듯한 튜브 속에서 어떤 변화가 일어나는지 잘 알고 있으며, 바닷가 주변에 널린 괴짜들 중에서 순수한 영혼을 걸러낼 수도 있다.

어떤 사람에게는 소울 서핑이 환경이나 바다 생물과 깊게 관계하는 과정일 것이다. 그는 친환경 웨트슈트를 입고 밀물의 만조 지점을 오르내린다. 그리고 바닷물이 남긴 얼룩을 진정으로 기뻐하며 서핑한다. 강어귀나 실내 파도 풀에서 파도를 타는 사람들까지 포함한다면 소울 서핑은 물을 뒤집어쓰며 신나게 춤을 추는 행위일지도 모른다.

서핑의 정신을 어떻게 정의하든 이는 영혼의 유혹이며 해롭지 않은 중독이다. 서핑을 마치고 코에 들이찬 물을 빼내는 순간부터 서퍼는 다시 물에 들어가고 싶어지지 않던가. 서핑은 점차 자연스러운 습관으로 자리한다. 아무리 파도로 인해 큰 충격을 받았다 해도 서퍼는 오로지 서핑으로만 상황을 만회하고자 한다. 이 욕구를 거부하기는 쉽지 않다.

아레테

'소울 서핑'라는 말은 1960년대 젊은이들 사이에서 일어난 반문화 운동과 함께 등장해 1970년대에 꽃피웠다. 이는 순수한 즐거움을 위해 파도를 타던, 상업이나 경쟁과 거리가 먼 서퍼들을 의미한다. 이들이 추구한 목표는 좀 더 영적인 느낌이 강했다. 소울 서핑라는 개념은 정확히 파도타기가 프로 서핑으로 발전하는 데에 반대하는 의미로 생겨났다. 훗날 스포츠로 발전한 프리라이딩 스노보드도 비슷한 상황을 겪었는데, 이들은 엄격한 스키 경기 규칙에 대항해 활강 코스가 아닌 곳에서 자유롭고 짜릿하게 스노보드를 즐겼다.

개인적인 즐거움만 바라며 파도를 탄다는 게 이기적인 여정처럼 느껴질 수도 있다. 하지만 이런 접근이 오히려 서핑을 스포츠가 아닌 예술이나 춤 혹은 공연으로 보게 했다. 한편으로는 서핑을 양극

단으로 나눠 프로 서퍼는 소울 서핑가 될 수 없다는 오해도 생겼다. 하지만 국제 대회에 참가하는 선수들도 다양한 방식으로 서핑의 정신을 경험한다. 그 정신은 보드 위에 처음 서는 아이들을 가르치는 서핑 교사와 크게 다르지 않을 것이다.

고대 그리스인들은 스포츠 경기를 복합적인 문화와 의식적인 활동으로 개발하고자 했고, 그 결과 올림픽 대회가 탄생했다. 여기서 스포츠는 몸으로 뭔가를 말하는 수단이다. 관객을 설득하거나 그들 앞에서 연설하는 형식이었고, 아름다움을 미적으로 표현하는 일이기도 했다. 그리스인이 말하는 '아레테(모든 종류의 탁월함과 미덕)' 정신은 어떤 움직임이 뼛속까지 익숙해졌을 때 증명된다.

서핑은 예측할 수 없는 바다 상황에 전적으로 의지해야 한다는 점에서 다른 스포츠와 구분된다. 가장 수준 높은 경쟁에서조차 미적인 과시를 중시하는 경향을 보인다. 아무리 초보자여도 이를 두고 경쟁하고 있음을 잊지 말자. 모든 서퍼는 바다가 던지는 도전에 맞서 어제보다 더 잘, 더 멀리 가기 위해 애쓴다.

켈트 트리쿼트라

서핑은 몸과 마음, 심장, 공동체, 바다 생물을 하나로 엮는다. 하지만 밀물과 썰물처럼 기복이 심해 힘이 많이 들기에, 이럴 때는 마음에 필요한 세 가지 선물인 사랑과 용기, 헌신(오페라 작품인 '트리스탄과 이졸데', '사자왕 리처드'와 성 아우구스티누스의 《회고록》을 떠올려보라)이 필요하다.

켈트 미술에는 '트리쿼트라'라는 삼각 구도의 매듭 기법이 있다. 긴 타원형 모양의 물방울 세 개가 서로 연결된 듯 보이지만, 사실은 끈 하나로 꼬아 그렇게 보일 뿐이다. 테두리를 하나만 잘라도 삼각 구도의 대칭이 깨지고, 가운데 연결고리 하나만 잘라도 끈이 다 풀린다. 이 매듭은 몸과 마음, 심장을 단단히 엮어 분리 불가능한 '영혼'을 만드는 과정으로, 마음챙김을 상징하기도 한다. 푸른 마음챙김은 주의를 유지하면서 이 매듭의 견고함을 지키는 일이다. '서핑의 정신'은 이렇게 영혼의 본질을 구현하려는 용기와 의지에 깃들어있다. 경외심과 겸손의 신비가 바다 표면으로 모습을 드러낼 때, 그 순간이 바로 소울 서핑의 시작이다.

환영의 선물

서핑하는 사람이라면 누구나 돌고래와 서핑하길 원한다. 물개와 헤엄치고 돌묵상어를 가까이에서 바라보는 경험을 갈구한다. 이런 바다 동물을 만날 때면 모든 살아있는 영혼과 소통하는 느낌이 든다.

와이프아웃조차 우리를 물속 깊은 곳으로 안내해 환대를 보여준다. 물에 완전히 잡아먹히기 전, 서퍼는 캑캑거리며 생과 사의 기로에 선다. 하지만 내세에서 돌아온 듯 파도 면을 가로질러 떠오르는 순간 두려움과 뒤섞인 푸른 마음챙김을 맛본다. 물 밖으로 나왔을 때는 이전보다 더 겸손하고 깨달음이 깊은 상태가 된다. 모든 이들 앞에서 늘 같은 모습을 보여주는 바다를 더 존중하고 조심하게 될 것이다.

바다에 둥지 틀기

이처럼 서퍼는 서핑을 통해 마음챙김의 또 다른 형태 즉, 깨어있는 상태의 감사를 배울 수 있다. 아니, 배워야만 한다. 세상을 둘러싼 물의 리듬과 에너지를 거부하고 물과 적대적인 관계를 맺는다면 우리가 이미 바다의 손아귀에 있다는 사실을 놓치게 된다. 그리고 물속으로 들어와 둥지를 틀라고, 물의 방식을 배우라고 말하는 바다의 지속적이고도 관대한 초대를 들을 수 없다.

파도에 둥지를 틀라는 말은 파도를 소유물로 여기라는 뜻이 아니다. 서핑하러 떠날 때는 방문자 신분임을 잊지 말자. 서퍼는 바다에 사는 생물을 방문하는 손님으로, 그들의 환대를 존중하되 영역을 함부로 침범해서는 안 된다. 주인이 손님을 맞이하면 손님은 친절과 존중의 마음으로 화답해야 한다.

환대(Hospitality)와 병원(Hospital)은 손님을 뜻하는 라틴어 호스페스Hospes를 어근으로 한다. 손님은 그래서 환대에 존경을 표할 수 있는 것이다. 그러기 위해 문화적 차이를 받아들이는 관용과 신뢰하는 마음을 갖출 필요가 있다. 문화적 차이란 타인과 장소에 관한 오해나 추측으로 가득 찬 사고방식을 의미하는데, 이를 비우면 더 많은 것들을 배울 수 있다. 환대에 따른 진정한 존경은 배움을 몸소 표현하는 것이다. 파도에 둥지를 틀고 감사한 마음을 찾아낼 때, 푸른 마음챙김이 자라나고 나아가 서핑 공동체와 서핑 정신에 도움이 되는 가치, 관습 등을 내 것으로 만들 수 있다.

잃어버리지 않을 보상을 찾아서

서핑을 이야기할 때 마음챙김이라는 주제가 처음부터 등장하지는 않는다. '마음챙김은 일과 중 가끔 끼워 넣는 습관 같은 것이다'라는 고정 관념 때문일 것이다. 하지만 푸른 마음챙김에서는 이런 일반적인 관념을 잠시 접어두는 게 좋다.

솔직히 말하자면 서핑에서는 일반적인 마음챙김 과정이 굳이 필요하지 않다. 표현하지 않았을 뿐 서핑이 보여주는 푸른 세상은 그 자체로 이미 마음챙김이다. '내가 파도를 타고 있어'라는 생각을 '바다가 내게 파도를 태워주고 있어'라는 생각으로 치환하면 어떤 서퍼라도 푸른 마음챙김 세계로 들어설 수 있다. 이는 패러다임의 전환이며, 이 과정으로 우리는 영구적인 마음챙김 상태를 얻게 된다. 푸른 마음과 넓은 바다에서 헤엄치는 영혼만 있다면 우리는 아무 어려움 없이 많은 성과를 이룰 수 있다. 이를테면 환경을 오염시키는 행동을 중단하고 지속 가능한 서핑 여행 경로를 개발할 수 있다. 대중과 공동체를 중심으로 한 사회 환원 문화를 만들어갈 수도 있다.

포이에시스

그리스어 포이에시스Poiesis는 예술의 경지에 다다른 어떤 기술을 말한다. '만들다'라는 의미를 가진 이 단어의 어근은 사실 시(Poetry)다. 시를 창조하는 일은 기교를 뛰어넘고 가치를 식별하는 안목과 전문성으로 뻗어나간다. 서핑이 상상력 제로의 단순한 운동에서 푸른 마음챙김으로 바뀔 때 이 창조성이 필요하다. 서핑을 능동적인 형태의 시 또는 시적 서술로 바꾸기 위해 노력이 필요한 것이다. 이런 수련 과정이 결국 서퍼를 서핑의 경지, '깨어있는 감사'에 다다를 수 있게 한다. 이 감사는 서퍼를 서핑 자체와 바다, 바다의 관대함에 다가서도록 도와준다. 그뿐 아니라 서핑이라는 형식과 서핑의 역사 속으로 우리를 이끈다. 지난 몇백 년 동안 우리보다 먼저 서핑의 길을 갈고닦은 선배들이 남긴 문화적 유산을 지향하게 된다.

시구가 반복되거나 형태와 리듬을 만드는 등 기본적인 포이에시스는 고대 학자 호메로스가 쓴 서사시에서도 발견할 수 있다. 서핑도 마찬가지다. 기본을 반복적으로 연습할 때 점차 숙련된 서퍼로 거듭난다. 몸의 상태를 확인하고 장비를 준비한 뒤 패들아웃, 덕다이브(파도가 다가올 때 휩쓸리지 않도록 보드를 물 아래로 넣어 잠수하는 기술-옮긴이), 테이크오프, 팝업(보드에 배를 대고 엎드려 있는 상태에서 파도를 타기 위해 재빨리 일어서는 동작-옮긴이), 트리밍, 킥아웃 등의 기술로 파도를 타자. 그러는 동안 바다의 신비를 마주하게 될 것이다. 바다가 속한 지역의 소리를 듣고, 서핑이 주는 선물을 마음껏 받아들인 뒤 겸손하게 퇴장한다. 이것이 푸른 마음챙김으로 가는 길이다.

서핑에 늦은 나이란 없다

서핑하기에 늦은 나이는 없다. 마음은 언제나 몸보다 훨씬 젊어서 우리를 가로막는 건 오직 부상과 신체적 질병뿐이다. 마음챙김은 몸이 아니라 어떤 세계에 집중하는 과정이다. 그래서 이 경험은 시간을 초월한다. 우리는 물속 세계에서 만난 마음챙김으로 다른 사람을 존중하고 살필 수 있게 된다. 그런 의미에서 서핑 공동체는 나이 든 사람들이 쉽게 이 세계에 접근할 수 있도록 방법을 찾아야 한다. 그렇게 되면 한 젊은 서퍼가 지역의 서핑 브레이크에서 기술을 연마하고 있을 때 나이 든 서퍼가 편히 다가갈 수 있다. 그리고 연장자인 서퍼는 그들에게 서핑 매너를 알려주거나 파도를 통해 얻은 삶의 지혜를 나누게 될 것이다.

나이 든 서퍼는 또한 젊은 서퍼에게 칠십 대에도, 아니면 구십 대에라도 꿈을 좇을 수 있다는 사실을 몸소 보여줄 수 있다. 그러니 몸이 유연하고 위험을 감수하기로 각오한 이십 대라면 앞으로 50년 이상, 환경의 색과 형태에 속해 오랫동안 서핑을 즐기겠노라 마음먹어도 좋다.

수십 년 동안 서핑을 해왔으면서도 또 바다를 찾는 이유는 아마도 서핑이 여전히 쉽지 않기 때문일 것이다. 서핑은 중독성이 강한 만큼 어렵다. 또 파도 위에서 순수하게 미끄러지는 순간을 땅에서는 좀처럼 경험할 수 없다. 켈트 트리퀴트라의 세 가지 요소처럼 움직이는 신체, 움직이는 물, 움직이는 서프보드를 단단히 붙잡고 연결을 유지해야 한다.

트리퀴트라 매듭은 각각 존재하는 물방울 세 개를 연결한 듯 보이지만 알고 보면 끈 하나로 만들어졌다. 이는 몸과 마음, 바닷물, 서프보드가 함께해야만 완성되는 푸른 마음챙김을 상징한다. 서핑의 희열이 항상 찾아오는 것은 아니고, 와이프아웃도 수시로 일어나지만 마음챙김의 순간은 나이가 들수록 더욱 선명해진다.

서핑은 체력 향상에 도움을 줄 뿐 아니라 정신과 감정을 끊임없이 단련시킨다. 왕년의 이야기를 하다 보면 회상 요법 효과를 누릴 수도 있다. 테이크오프, 바텀 턴, 트리밍, 킥아웃을 한꺼번에 멋지게 소화하던 기억은 근육에 고스란히 남아있기 때문이다.

노년에 서핑으로 마음챙김을 수행한다면 마음이 쇠하려 할 때 적절히 저항할 수 있다. 패들링과 일어서는 동작을 한 번에 연결하고, 옅은 청록색 파도 커튼 안으로 들어가는 과정을 막힘없이 수행하다 보면 건망증과 멀어진다. 수천 번 반복한 행동도 어떤 파도를 만나느냐에 따라 막 활성화된 신경 세포처럼 다른 양상을 보이는데, 이때 마음챙김이 일어난다. 서핑의 푸른 마음챙김은 깜짝 놀라 눈을 크게 떴을 때 펼쳐지는 생생한 경험이다.

파도의 우아함

전 세계 인구를 따져볼 때 서핑은 상대적으로 젊은 스포츠에 해당한다. 서핑의 역사가 깊어질수록 지난 세대의 지혜가 사라지지 않도록 지킬 필요가 있다. 실제로 서핑 예절은 그 짧은 역사 기간 중에서도 비교적 최근에 만들어졌다. 그 바탕을 이루는 건 유교 사상과 '정중한 선의'라 여겨지는 품위다.

중국의 공자는 개개인이 정형화된 예법을 따르며 서로에게 예를 갖출 때 사회가 발전할 수 있다고 믿었다. 민주주의 사회는 기회의 균등, 사회적 정의, 법에 따른 지배(적어도 이론상으로는 그렇다) 등 권리와 의무로 구성된 법체계를 갖춘다. 물론 엄격한 규칙을 들이대며 타인을 단속하고 싶어 하는 사람은 그다지 없을 것이다. 하지만 몇 가지 간단한 지침만 있으면 물에서도 타인을 배려하고 존중할 수 있다. 누구에게 파도의 우선권이 있는지부터 고민하자. 그러면 다른 서퍼가 있는 곳에서는 절대 드랍인Drop in(이미 다른 사람이 일어서서 파도를 타고 있을 때 그 앞에서 테이크오프해서 안전에 위협을 가하는 행동)을 하면 안 된다는 것을 알 수 있다.

서핑 인구가 늘어나고 충돌 위험이 커지면서 파도 위에서 불만과 공격성이 드러나는 상황이 생기는 건 어쩔 수 없는 일이다. 타인을 배려하고 파도를 양보할 때 더 뿌듯하다는 사실을 배우려면 시간이 더 필요할 수도 있다. 젊은이들이 가까운 바다에서 서핑 스타일과 기술을 연마할 때, 나이 든 이들은 라인업에서 지켜야 할 마음챙김 예절(가령 줄을 서서 차례로 파도를 타야 한다는 것)을 가르쳐줄 수 있을 것이다. 이런 사소한 지침이 민주주의의 연습이 된다.

우리는 유교식 행동 규범을 도道로 해석할 수 있다. 이는 길, 방향, 경로이면서 통행할 권리이자 통과 의례다. 마음챙김에 따른 의식적인 몸짓으로 올바른 일을 할 수 있는 유일한 방법이다. 안전과 존중의 도는 우리에게 다른 이들을 위험하게 해서는 안 된다고 가르친다. 한 예로 뒤에서 서핑하거나 수영하는 사람이 없다는 게 확실하지 않으면 보드를 던지는 일은 절대 없어야 한다. 존중은 또 다른 존중을 낳는다. 선배들의 말에 귀 기울여라. 분명 믿을 만한 조언을 얻을 것이다.

무심한 마음, 선

선禪은 무심無心(일본어로는 '무신', 중국어로는 '우신'이라고 한다)한 마음 상태를 의미한다. 명상 수행자는 생각이나 감정에서 벗어나 열린 깨달음을 얻고자 이런 무심한 정신 상태를 연습한다. 사람들은 소수의 무술인이나 수도승, 도인 같은 경우에나 선의 상태에 이를 수 있다고 생각하지만 그렇지 않다. 우리는 언제나 선을 통해 많은 것들을 배운다. 깨어있음의 상태가 누구에게나 열려있다는 것, 그리고 이는 민주적으로 얻을 수 있는 잠재력이라는 사실 같은 것들을 배운다. 또한 선은 원칙적으로 위계나 특권을 인정하지 않는다.

누구나 서핑을 통해 선의 '무심'을 얻을 수 있다. 체형이나 신체 사이즈, 배경에 상관없이 누구나 파도를 타고 이 가능성을 좇을 수 있다. 바다는 민주주의를 감싸는 이불이다. 서핑은 미디어가 표준 신체라고 정의한 좁은 기준을 뛰어넘고, 서퍼에게 강하고 건강하고 아름다워지는 기분을 선사한다. 그래서 바다는 마음을 씻어내고 싶은 이들을 환영한다. 서퍼는 기꺼이 소용돌이치는 바다로 들어가 몸을 흠뻑 적시고, '스토크'라는 기쁨을 널리 전파한다.

분홍 노즈

서핑의 마음챙김은 타인을 포용하는 뛰어난 프로그램을 많이 만들었다. 필리핀과 멕시코 등지에 있는 우수한 서핑 학교에서는 정신질환 위험군이거나 관련 진단을 받은 젊은이들, 또 학습에 어려움을 겪고 있거나 장애가 있는 젊은이들과 함께한다. 시각 장애인은 '다르게 보라'고 배우고 청각 장애인은 '다르게 들으라'고 배우며, 이들은 서로 다른 감각을 조율한다.

방글라데시와 파푸아 뉴기니 등에 사는 여성들은 수년간 서핑을 이어오며 사회적 장벽을 무너뜨리고 있다. 바다라는 해방의 장소에서 패들아웃은 오래된 고정 관념을 부수는 방법이 될 수 있다. 한 예로 파푸아 뉴기니에 속하는 부계 중심 가부장 사회를 들 수 있다. 그곳 서핑 클럽에 있는 서프보드는 분홍색으로 칠해진 노즈가 절반을 차지한다. 여성들은 이 보드를 독점할 수 있고, 이들의 동등한 지위도 눈으로 확인할 수 있도록 했다. 물론 같은 나라의 모계 중심 사회에서는 불필요한 일이다. 하지만 필요한 곳에서는 분홍 노즈가 여성 참여를 장려하고 파도에서 여성이 눈에 더 잘 띄게 하는 조치일 수 있다. 분홍 노즈는 열린 가치를 상징한다. 태도가 행동보다 앞선다. 열린 태도를 갖추지 않는다면 마음챙김이 행동으로 이어지는 것도 불가능하다.

한없는 기쁨

점점 더 많은 서핑 학교가 폭력, 가난, 고립, 왕따 문제 등으로 정신적 충격을 받아 괴로워하는 사람들에게 서핑 프로그램을 제공하고 있다. 물속에 들어가면 쉽게 마음을 가라앉힐 수 있다. 서핑은 또 오랜 행복을 위해 없어서는 안 될 '회복력'을 키우는 데 유용하다. 와이프아웃으로 넘어졌다가 다시 파도를 타려고 보드에 올라갈 때 우리는 자존감을 얻게 된다. 뇌성마비와 간질을 앓아 누군가의 도움 없이는 걸을 수 없었던 여덟 살 소녀가 있었다. 이 아이는 특별 제작된 장비와 강사의 도움으로 서핑을 경험한 뒤 곧 땅에서도 걸을 수 있을 거라는 자신감을 얻었다.

사지가 절단되거나 마비된 사람 또는 뇌성마비 장애인을 위한 적응형 서핑(Adaptive Surfing)은 가장 고무적인 형태의 서핑이다. 이 분야는 시대를 앞서는 보드 디자인, 국제 대회 및 전문 잡지 발간 등으로 이미 전 세계 수천 명에게 기쁨을 주고 있다. 바다는 신체적 한계와 정신적 장벽을 극복할 수 있는 매개체 역할을 한다. 이곳에서는 누구든 더 활발히 움직일 수 있고, 자연과 더 깊이 교감할 수 있다. 바다는 마음의 상처도 치유한다. 그리고 무엇보다 새로운 장비 덕에 장애가 있는 서퍼도 배럴 안에서 파도를 즐기게 됐다. 이들은 시간이 멈추는 순간을 경험하고 함께 공유한다.

진정한 마음챙김은 사회적 차별을 유도하거나 유지하지 않는다. 마음챙김은 포용과 평등을 바탕으로 작용한다. 1950년대 캘리포니아에서 백인 젊은 층을 중심으로 유행했던 서핑은 진정한 마음챙김이 아니다. 고대 시대에 서핑이 하와이의 왕과 왕비가 누리던 스포츠였다는 점에서 특히 더 그렇게 느껴진다. 남아프리카 공화국이 아파르트헤이트 체제 아래 '백인 전용' 해변을 지정하고 흑인 출입을 금지한 건 마음챙김과 상당히 거리가 있다. 다행히 남아프리카 공화국은 현재 흑인들의 서핑 문화가 잘 발달하고 있다. 뇌성마비 아이들을 서핑에 데려가면 안 된다고 단정 지은 것 역시 마음챙김이 아니었다. 하지만 우리는 이제 마음챙김으로 민주적인 포용 정책을 마련하고자 한 걸음 나아왔다. 이를테면 사회적 전통이나 종교적 신념에 매여 의상 규범을 깰 수 없는 사람들까지 수용한다. 그래서 폭넓게 변화하는 다양한 디자인의 수영복이 등장했고, 히잡을 쓰고서도 파도를 탈 수 있다.

한 번 더 말하지만 마음챙김은 단순한 명상 기법이 아니다. 마음챙김 기술로 세계 속 일부가 되면 일순간의 사건을 더 깊이 들여다보게 되고, 그로 인해 찾아온 변화와 기쁨을 충분히 누리게 된다. 마음챙김은 타인을 포용하는 친절한 행동, 다른 세계와의 연결을 돕는 양질의 마음가짐이다. 마음챙김으로 우리는 '무심'으로 가득한 선의 순간에 들어갈 수 있다.

서핑과 아름다움

예술은 마음을 지닌 존재에게 훌륭한 매개물이다. 기쁨을 선사해 삶을 풍성하게 할 뿐 아니라 문제를 제기하고 '다르게 생각하라'며 우리를 자극한다. 예술을 나누는 갈래는 여러 가지인데, 가령 기술과 역사를 공부해 '예술가'라는 이름을 단 전문가들이 있고, 사람들 각자가 선호하는 수단을 택해 실험을 이어가는 열린 예술이 있다. 서핑은 행위 예술이라고도 할 수 있다. 최정예 전문가들이 갈고 닦은 민첩한 능력을 선보이면 탄성이 절로 나온다. 하지만 서핑하는 사람들 대부분은 다듬어지지 않은 아마추어들이다. 그래도 이들이 선보이는 서핑은 고유한 경이로움으로 가득하다.

서핑은 초급 단계에서부터 기술과 도구를 초월한다. 행위 예술이자 하나의 문화 활동인 서핑은 미학, 품위, 아름다움 같은 가치를 우리에게 보여준다. 서퍼들은 대부분 어느 정도 우아하고 자연스러운 파도타기 기술을 갈고 닦아 보여주고 싶어 한다. 서핑은 또한 영적 차원으로 발전할 수 있다. 물을 가까이하다 보면 자신감이 생기고, 다른 사람들의 호기심과 열정, 상상력 등을 자극할 수 있다. 이럴 때 서퍼는 실력이나 신체 능력, 일상에서 겪고 있는 어려움 등의 조건과 무관하게 감각이 열리는 경험을 한다. 그리고 그 안에서 영혼이 자라난다.

모든 서퍼는 현재 실력과 관계없이 테이크오프한 뒤 해안을 향해 나아갈 때 시간이 정지되는 순간을 경험한다. 매우 짧은 순간이지만 역설적이게도 시간은 그대로 멈추고 고요한 공간이 나타난다. 서핑의 귀중한 열매를 맛보고 나면 분명 몇 번이고 다시 그 느낌을 갈구하게 될 것이다. 연습을 거듭해 단계가 올라갈수록 서핑의 섬세한 기술과 성취감은 점점 더 우아해진다.

스타일은 배우는 게 아니라 타고나는 것

서핑 실력이 좋아질수록 기능보다 자세를 중시하게 된다. 새로운 시도는 기본적인 기술을 다 익히고 경계를 넘어서면서부터 시작이다. 숏보드를 탄다면 테이크오프, 바텀 턴, 탑 턴(파도 정상에서 파도 면을 향해 도는 동작-옮긴이), 컷백 같은 기본 동작을 먼저 익히자. 그런 다음 파도 위 공중으로 뛰어오르기, 심지어 공중에서 보드와 함께 두 번 회전하기(720도 회전), 착지해서 계속 파도타기 기술까지 이어간다. 더 멋진 기술일수록 완벽하게 해낼 때 큰 기쁨을 얻을 수 있다.

롱보드는 보드 위에서 노즈 쪽으로 능숙하게 걸어가야 한다. 똑바로 가도 좋고 크로스 스텝으로 걸어도 괜찮다. 그런 뒤 한발 발가락을 보드 끝에 걸치는 절묘한 행파이브, 더 나아가 양발 발가락을 모두 걸치는 행텐을 선보인다. 좀 더 과감한 노즈 라이딩을 원한다면 뒤돌아 발꿈치를 걸치는 '행힐' 기술이 있다. 까다로운 구간에서 이런 기술을 구사하는 건 롱보드라야 가능한 극한의 경험이다. 실력자들은 이때 크로스 스텝으로 뒤로 간 다음 드롭니 컷백(뒷발을 뒤로 빼고 자세를 낮춰서 도는 동작-옮긴이)으로 최대한 강렬하게 보드 방향을 튼다. 그리고 파도에서 속도가 가장 빠른 지점을 다시 찾아간다. 이렇게 가속력을 가지고 되돌아온 서퍼는 다시 가능한 한 완벽한 트리밍으로 노즈 라이딩을 시도한다. 멋진 라이딩과 깨끗한 킥아웃으로 마무리한 그는 다시 파도를 잡으러 패들링한다.

롱보드 기술 레퍼토리가 인기를 끌기 시작한 건 1950년대 일이다. 캘리포니아 서핑에서 선보인 '묘기'들이 그 시초였다. 더 깊이 들어가면 1930년대 거대한 보드를 타고 서핑하던 하와이인들에게서 기원을 찾을 수 있다. 이들은 물구나무서기를 최고 기술로 쳤다. 미끄럽고 다루기도 힘든 매트 위에서 요가 동작을 선보인 것이다.

한때 2인조 서핑이 서핑 대회에서 인기를 끈 적이 있다. 한 명의 서퍼가 운동 신경이 좋고 가벼운 다른 서퍼를 어깨 위에 태운 채 파도를 타는 모습이었다. 요즘은 이를 변형해 서핑 강사가 보드 앞에 아이를 태우고 타기도 한다. 아이는 보드 위에서 엎드릴 수도 있고, 강사와 함께 서서 모험을 시도할 수도 있다. 어린아이는 이 과정으로 자신감을 얻는다.

장애 때문에 서서 서핑할 수 없는 어린이나 성인은 특수 제작된 보드에 앉는다. 그들 뒤에는 보드를 대신 조종해줄 조력자가 있다.

타인의 도움으로 서핑하는 '적응형 서핑'을 즐기는 것이다. 이 모든 것이 '열린' 공연 예술이고, 이를 지켜보는 건 특별한 경험이다. 서핑 자세와 기술은 푸른 마음챙김 안에서 균형과 사색을 이룬다.

창조적인 마음챙김 순간이 일상의 사건을 특별한 경험으로 만들 듯 물속 세상은 신체 움직임을 예술 표현으로 전환한다. 롱보드 서퍼는 크로스 스텝을 밟으며 노즈 쪽으로 향한다. 생경한 기분도 잠시, 몸과 마음에 깊이 박힌 움직임이 되살아나 서퍼의 발가락 열 개가 보드를 감싼다. 무의식중에 등은 뒤로 휘며 '소울 아치'를 그리고, 두 손은 위로 올라간다. 문화를 가로지르고 시간의 장막을 걷어내며 반복해온 서퍼의 몸짓은 내면에 각인되어 자연스럽게 흘러나온다. 시간을 초월하며 펼쳐진 이 순간은 장엄함을 표현하는 것만이 유일한 목적이다. 이는 단순한 자세나 미적 표현을 넘어선다. 이는 균형과 조화, 만족을 이루는 엄청난 순간이다.

이때 중요한 게 바로 스타일이다. 하지만 이보다 더 필요한 것이 있다. 바로 우리가 그 선물을 이미 받았다는 사실을 깨닫는 것이다. 이 선물은 이미 오래전부터 늘 우리의 것이었다.

감사의 글

푸른 마음챙김 안에서 제게 사랑, 영감, 응원, 가르침을 준 멋진 우리 가족, 어머니(수), 아버지(앨런 퍼즈), 롤라와 루빈, 케이티와 카라, 아름다운 누이들 브리오니와 페드라, 사촌 이지와 아멜리에게 말로 다 할 수 없는 감사를 표합니다. 지구와 바다에, 그리고 내게 서핑 브레이크가 되어준 소중한 고향, 그웬버 해변에 고마움을 전합니다. 무엇보다 지금껏 나와 함께 모든 파도와 창조적 자유를 나눈 최고의 파트너, 아내 샌디에게 모든 영광을 돌립니다.

서핑은 마음을 깨끗이 씻어주고, 자연스럽게 마음챙김의 경지에 다다르게 해준단다. 우리는 바다와 연결돼있고 결국 바다 아래 존재하는 모든 생명체와 이어졌다는 깨달음도 얻을 수 있다고 한다. 처음 이 책을 받아 번역하게 됐을 때 서핑을 해보지 않은 내가 과연 이 글을 옮겨도 될지, 또 저자의 깊은 통찰을 제대로 전달할 수 있을지 고민이 많았다.

하지만 원서의 내용을 우리말로 옮기면서 서핑이 주는 희열, 실패하고 넘어지면서도 또다시 바다를 찾을 수밖에 없는 그들의 중독성 강한 기쁨이 무척 부러웠다. 바닷물 속에 빠져 허우적거리는 와이프아웃마저 기쁨과 두려움이 섞인 감정이라니 이 얼마나 멋진 일인가. 이때의 공포감을 이겨내고 보드 위로 다시 올라설 때 자존감과 회복력이 자라난다니, 그 가슴 벅찬 경험을 나도 해보고 싶어졌다. 무엇보다 머릿속을 가득 메운 복잡한 생각이 바닷물에 씻겨 사라지고, 오직 파도에만 몰입하는 그 시간을 나도 겪고 싶었다. 조만

간 서핑할 수 있는 바다를 꼭 찾아가 배워보려 한다.

《소울 서핑》에서 여러 번 강조하는 내용을 한 가지 꼽자면, '마음 챙김의 중심은 내가 아니라 바다와 이를 둘러싼 주변 환경'이라는 것이다. 서핑 기술을 완벽히 소화해 나를 과시하는 것이 아니라, 나를 내려놓고 파도와 날씨, 바다의 상황에 주의를 기울일 때를 놓치지 말라고도 말한다. 이 순간이라야 시간이 멈춘 듯한 서핑의 신비를 제대로 경험할 수 있기 때문이다. 그렇기에 튜브 라이딩도, 행텐도 '내 기술'이라고 말할 수 없다. 주변에 오래 서핑한 사람들의 표정을 보면 솔직함, 무심함, 포용력 등이 스친다. 아마도 서핑의 이런 고유함이 만들어낸 표정일 것이다.

저자가 추구하는 서핑은 단지 최고 기술을 연마하는 데서 그치지 않는다. 인종, 성별, 장애 여부를 떠나 모두가 즐길 수 있는 활동으로 넘어간다. 더 나아가 우리를 둘러싼 환경과 생태계를 진지하게 고민한다. 바다와 모든 생명체를 사랑하는 저자의 깊고 넓은 마음은 도교와 불교를 아우른다. 아름답고 심오한 문장을 한 줄 한 줄 읽다 보면 그 자체로 몰입을 경험할 수 있다.

이 책을 읽는다고 서핑 실력이 단숨에 좋아지지는 않을 것이다. 하지만 '서핑'이라는 넓은 세계로 초대받은 이들에게는 서핑의 진정한 의미를 보여줄 것이다. 그리고 푸른 마음챙김을 더 깊이 음미할 기회를 주리라 생각한다. 독자 여러분도 마음챙김 서핑으로 서핑의 경험치를 더 늘리고 깊이감을 더하기를 바란다. 더 즐겁고 의미 있는 서핑의 세계에 푹 빠지길 바란다. 만약 나처럼 서핑을 경험해보지 못한 독자라면 마음속으로 서핑하며 경이로운 세계에 발을 디디기를 진심으로 바란다.

소울 서핑

초판 1쇄 인쇄 2022년(단기 4355년) 3월 25일
초판 1쇄 발행 2022년(단기 4355년) 3월 31일

지은이 | 샘 블리클리
옮긴이 | 이초희
펴낸이 | 심남숙
펴낸곳 | ㈜ 한문화멀티미디어
등록 | 1990. 11. 28 제21-209호
주소 | 서울시 광진구 능동로 43길 3-5 동인빌딩 3층 (04915)
전화 | 영업부 2016-3500 · 편집부 2016-3507
홈페이지 | http://www.hanmunhwa.com

운영이사 | 이미향
편집 | 강정화 최연실
기획 · 홍보 | 진정근
디자인 제작 | 이정희
경영 | 강윤정 조동희
회계 | 김옥희
영업 | 이광우

만든 사람들
책임 편집 | 박햇님 디자인 | ROOM 501
인쇄 | 천일문화사

ISBN 978-89-5699-427-7 03690

• 이 책은 저작권법에 따라 보호를 받는 저작물이므로 본사의 허락 없이
임의로 내용의 일부를 인용하거나 전재, 복사하는 행위를 금합니다.
• 잘못된 책은 본사나 서점에서 바꾸어 드립니다.